大家小书

周易简要

李镜池 著 李铭建 整理

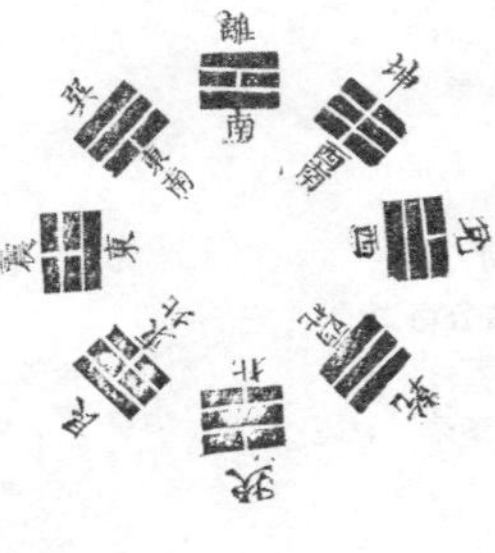

北京出版集团公司
北京出版社

图书在版编目（CIP）数据

周易简要 / 李镜池著；李铭建整理．— 北京：北京出版社，2020.4

（大家小书）

ISBN 978-7-200-14786-5

Ⅰ. ①周… Ⅱ. ①李… ②李… Ⅲ. ①《周易》—通俗读物 Ⅳ. ① B221-49

中国版本图书馆 CIP 数据核字（2019）第 080222 号

总 策 划：安　东　高立志　　责任编辑：魏晋茹

·大家小书·

周易简要

ZHOUYI JIANYAO

李镜池　著

李铭建　整理

出　　版　北京出版集团公司

　　　　　北京出版社

地　　址　北京北三环中路 6 号

邮　　编　100120

网　　址　www.bph.com.cn

总 发 行　北京出版集团公司

印　　刷　北京华联印刷有限公司

经　　销　新华书店

开　　本　880 毫米 ×1230 毫米　1/32

印　　张　8.75

字　　数　151 千字

版　　次　2020 年 4 月第 1 版

印　　次　2023年 2 月第 3次印刷

书　　号　ISBN 978-7-200-14786-5

定　　价　49.00 元

总　序

袁行霈

“大家小书”，是一个很俏皮的名称。此所谓“大家”，包括两方面的含义：一、书的作者是大家；二、书是写给大家看的，是大家的读物。所谓“小书”者，只是就其篇幅而言，篇幅显得小一些罢了。若论学术性则不但不轻，有些倒是相当重。其实，篇幅大小也是相对的，一部书十万字，在今天的印刷条件下，似乎算小书，若在老子、孔子的时代，又何尝就小呢？

编辑这套丛书，有一个用意就是节省读者的时间，让读者在较短的时间内获得较多的知识。在信息爆炸的时代，人们要学的东西太多了。补习，遂成为经常的需要。如果不善于补习，东抓一把，西抓一把，今天补这，明天补那，效果未必很好。如果把读书当成吃补药，还会失去读书时应有的那份从容和快乐。这套丛书每本的篇幅都小，读者即使细细地阅读慢慢地体味，也花不了多少时间，可以充分享受读书的乐趣。如果把它们当成补药来吃也行，剂量小，吃起来方便，消化起来也容易。

我们还有一个用意，就是想做一点文化积累的工作。把那些经过时间考验的、读者认同的著作，搜集到一起印刷出版，使之不至于泯没。有些书曾经畅销一时，但现在已经不容易得到；有些书当时或许没有引起很多人注意，但时间证明它们价值不菲。这两类书都需要挖掘出来，让它们重现光芒。科技类的图书偏重实用，一过时就不会有太多读者了，除了研究科技史的人还要用到之外。人文科学则不然，有许多书是常读常新的。然而，这套丛书也不都是旧书的重版，我们也想请一些著名的学者新写一些学术性和普及性兼备的小书，以满足读者日益增长的需求。

“大家小书”的开本不大，读者可以揣进衣兜里，随时随地掏出来读上几页。在路边等人的时候，在排队买戏票的时候，在车上、在公园里，都可以读。这样的读者多了，会为社会增添一些文化的色彩和学习的气氛，岂不是一件好事吗？

“大家小书”出版在即，出版社同志命我撰序说明原委。既然这套丛书标示书之小，序言当然也应以短小为宜。该说的都说了，就此搁笔吧。

导 读

一、镜池先生的《周易》研究

李镜池，1902年3月31日出身于广东开平横冈村的一个基督教家庭。1927年广州协和神学院（现广东协和神学院）毕业后，赴北平燕京大学宗教学院进修，师从陈垣、顾颉刚、许地山等学者治学，选《周易》进行专题研究。1930年，他在《古史辨》发表相关论文数篇，受到学界广泛关注。其后镜池先生辗转任教于广州协和神学院、燕京大学、岭南大学、华南师范学院（现华南师范大学）等处。1965年从华南师院退休。1975年6月17日在广州逝世。

镜池先生一生以“古史辨”和唯物史观的科学方法论研究《周易》，力主将《周易》原文（经）与阐发文字（传）分开研究，破除历来人们对《周易》的神圣化、神秘化。他认为，《周易》成书于西周晚期，是出于政治目的对占卜资料的有意识汇编整理。这些观点为学界广泛接受并得到史学研究的不断验证，成为现代中国学术界《周易》研究的重要文献。李镜池20世纪30—60年代的《周易》研究论文，大多收录在论文集《周易探源》（中华书局1978年出版）中，共三十万字。1962—1971年，他更集中精力，对《周易》进行了全面系统的研究，写成《周易通义》（中华书局1981年出版曹础基整理本）、《周易通论》、《周易释例》、《周易类释》、《周易校释》、《周易今论》和《周易韵读》等著作，并数易其稿，反复修改，留下过百万字的著作。[①]这使镜池先生当之无愧成为20世纪研究《周易》著作最丰富、体系最全面、学术最具开创性的学者之一。

二、《周易》简编类著作的写作缘起

在镜池先生《周易》研究的晚期，他开始动笔对自己的主要研究成果进行摘要简编，存其精义。促使镜池先生动笔的，是一个被动的原因——

① 有关著作全稿现已结集为《李镜池周易著作全集》，北京：中华书局，2019年3月版。

1963年，镜池先生的论文集《周易探源》和全面注释的《周易通义》等著作已成稿，交中华书局审稿付印。但中华书局1964年函告，编辑部人员下放搞“四清”，无人负责审稿。后来因整理廿四史等其他工作，出版事宜更延宕无期。当时镜池先生因备战疏散到新会。乡居无事，叫中华书局把稿子寄回来，再加修改，改了又请人再抄一次。但其时政治、学术环境更趋动荡，镜池先生于是从1968年7月开始，陆续对《周易通论》、《周易通义》、《读易札记》（后定名《周易释例》）和《周易类释》等进行缩写简编，希望这样便于保存，即使全稿遗失了，简编类著作“也可以见到我的心得的主要部分”。如以后有机会自费出版，当也不要很多钱。[①]简编类的写作极为精要，例如对《周易通义》的缩写，各卦多以一两张五百字原稿纸为限，至多三页。镜池先生的文字被学者誉为“如行云流水，清澈而流畅”[②]，这些简编类著作的文字，也延续了这种明白晓畅的平易风格，使得我们在轻轻松松中便能理解他不断涌现的新观点。

---

① 李镜池日记（手稿），1968年8月13日。

② 周山：《重读李镜池先生的易学论著》，见蔡尚思主编《十家论易》，上海人民出版社2006年版，第87页。

三、简编类著作的价值和意义

虽然是在被动的情况下简编自己的研究著作，镜池先生却仍借此对自己《周易》研究成果进行了全面梳理。并在简编的基础上形成新的心得，在1970—1971年以惊人的毅力最后一次修改了全部书稿。[①]

除了为保存研究成果而进行简编之外，镜池先生一直希望向普通读者介绍《周易》的研究。他在《周易通义》的自序中曾说："有一次，我在古籍书店里见到一位解放军同志要买关于《周易》新注的书，觉得奇怪。因想到这样一部古书，可能也有普通读者要看看。读者是有种种式式的。不过，这样难读的书，哪有什么新注可适应一般读者需要呢？为此，我立意写点比较简单浅显的《易》注。"[②]基于这个目的，镜池先生编写了几种比较简浅的论著，试图运用唯物史观的方法论，让非专业读者也可利用《周易》的资料了解社会发展史。《周易解谜》是其中提纲挈领的一篇，可作为理解镜池先生《周易》研

① 参见李镜池日记（手稿），1969年1月22日、1970年4月10日。

② 李镜池：《周易通义·自序之一》，《李镜池周易著作全集》，第446~447页。

究的入门读物。它深入浅出地“对《周易》作概括的论述，指出《易》并非不可解，问题在于用什么方法去解”[①]。

根据镜池先生有关《周易》研究的简编类著作的特点，本书选录了其中四种，即《周易解谜》、《周易通义简编》、《周易通论（摘要）》和《周易释例（摘要）》。这些著作较集中反映了镜池先生《周易》研究成果的精要，既有很高的学术价值，又便于非专业读者阅读。但读者需要明白的是，这些著作完稿时间距今已近半个世纪，且恰逢“文革”鼎盛时期，现在阅读时，应该考虑当时的社会政治环境，持一种科学的、反思的态度。

由于镜池先生对这些著作的体例和章节结构各有考虑，并不统一。本次整理尊重其原貌，未强行一律。只为称谓简净，将本书命名为《周易简要》，并将《周易通义简编》、《周易通论（摘要）》和《周易释例（摘要）》分别改题为《周易简义》、《周易要论》和《周易要例》。镜池先生其他易学简编类著作，如《周易选释》《周易要略》《周易新解举例》《周易选》等，由于有关论述内容基本已为本书收录的著作所涵盖，故割爱未录。

---

① 李镜池：《周易通义·自序之一》，《李镜池周易著作全集》，第447页。

非常感谢北京出版社司徒剑萍女士对岭南乡贤文献的慧眼与热忱，数次亲临羊城邀稿，将镜池先生《周易》简编类著作编入该社“大家小书”系列丛书，使得非专业读者也可以借此分享《周易》名家的研究成果，也完成了镜池先生的一大遗愿。其善莫大焉！

华南师大吴辛丑教授百忙中帮我校阅清样，谨申谢忱。

在我整理先祖父镜池先生遗著的这几年中，妻子杨旻和儿子中杨与我相濡以沫，砥砺前行，我们也共同深切感受着祖辈在疾病缠身中仍然坚毅的生活态度，从中汲取面对生活压力的勇气。或许这一切，都是冥冥中最重要的安排吧。

李铭建

2019年3月31日（镜池先生一百一十八岁冥寿）

写于岭南康乐园九家村故地

目　录

周易解谜[1]

一、所谓“谜”书

《周易》是我国一部著作最早而始终还无人能解释的“怪书”。正因为它写得早，内容讲的东西又古远，文辞又简练，组织又像很散漫，作者写作的宗旨又隐秘，因而二千多年来还没人读得懂，解得通。今人认为是不可解的“谜”书。照古今人的解释，你一解，他一解，除了一些因袭前人的说法外，真是人各一说，漫无标准，而又都不是它本意，这不就成为不可解的“谜”了吗？但我们如果找到解释的标准，就可以揭露它的谜底，得出它的真义，它便不是“谜”书，而且成为我国古

① 整理者按：本篇曾单独发表于《华南师院学报（哲学社会科学版）》1980年第4期，题为《周易简论》。该刊编者按语说：“文中对玄妙难读的《周易》作了全面、通俗的介绍和详论，指出读《周易》的途径和方法。这对我们研究《周易》是有帮助和启发的。”

代社会史、古代哲学史极可宝贵的史料。标准为何，先且不谈，兹把我所理解的，举几个例子，古今人怎样解释它，就可知它可以成为“谜”书的原因。

先从大圣人孔夫子说起。有一个卦（《易》共六十四个卦，每卦有一条卦辞，六条爻辞）有两条爻辞说：“不恒其德，或承之羞”及“田无禽”。这写的是古远社会打猎的事。田是畋猎，德同于得。打得鸟兽，禽是鸟兽，羞是珍馐之馐本字，美味之意。很古远的社会，人们靠打猎为生，还不懂得饲养牲畜，不懂得耕田，叫作渔猎时代，比牲畜时代、农业时代早得多。但打猎并不是天天能打得到鸟兽的，“田无禽”，即打不到，“不恒其德”，不是常能得到。恩格斯说：“靠打猎所得的东西来维持生活是极其靠不住的。”但是古远社会，人们过集体生活，互相帮助，你得不到，别人打到，大家分享，而且还送（承）给你最好的，他自己反而取最少最差的一份。原始社会人们的道德品质非常高尚。但这不是作者当时的事，而是以前古远的事。作者是周王朝掌管占卜的王官，他手中掌握了许多从前留存下来的占卜材料，这些材料记录了各种事实，作者选取来编组成书。这些古远事实，后人不知，孔子生于作者之后二百多年，就不了解。他引“不恒其德”一条，讲做事要有恒心的道理，以德为道德，羞为羞耻。文字训诂，也没懂得本来意义。他在猜谜。

孔子之后过了二百多年，汉初，中国正式进入封建社会，距作者所生活的奴隶社会更远了。有些人给《易》作注解，成为《易传》。他们为封建伦理宣教，维护统治阶级利益，却挂着孔子的招牌，说是孔子作的传。他们把卦的六个爻分了等级位次，定了第五爻为君位，余为臣位，发挥他们的奴才思想。第六爻在第五爻之上，在君位之上，那还了得！于是凡是上爻差不多都说是坏的，好的会说成坏的。四在五下，臣近君，本来好嘛，但他们又说太近了，臣迫君，不好。这叫作“爻位”说，历代说《易》的都离不开爻位说，因为他们都是封建奴才，他们说的，尽是离奇怪诞，给《易》猜的谜。例如，有个“无妄”卦，本来是诫人不要胡作非为、胡思乱想的。其中一爻说，意外得了病，如果不乱想，心情舒畅，有时不用药医治，病也会好的。而《象传》却解为没有希望治病的药不可试用啊。句读也没弄清楚。有个“观”卦讲观察方法，要人有思想，眼光看得广大。其中一爻说，统治者担负政治大任，不能片面看问题。被禁闭在家里的妇女，眼光短小，怪不得她，贵族却不能像她一样。而《象传》却解为，窥观妇女贞洁不贞洁的地方，是可丑的（意为看她是不是处女）。真是封建头脑的胡猜。

又如“震”卦，作者说明雷电是自然现象，而为《易》作注，历代奉为权威的，作为官书，为读书士人所必读之作的王弼（他生于《易》作者之后约九百年）注，却说雷是为惊骇那些怠慢者而响的。这跟迷信者以为雷公是有意志的差不了多少。作者具有科学头脑，而王弼却做了唯心主义解释。

再如，“睽”卦有一爻写一个人在啃一块肉（古代说猪肉、鱼肉等叫作肤，肤是肉），宋代一个理学大家程颐，不知肤为肉的古义，解吃肉为啮人肌肤，咬得深入，比喻深得信任，引周公与成王、诸葛亮与刘禅为例，说周公孔明的深见信任，是啮肌深入者。这个吃肉之谜，只有这位理学大家才能悟到。吃肉变为啮肌，又成为深信，真是妙不可言。

从前注《易》的，许多猜谜式的解释，从《象传》起，历代一样，非常可笑。例如号称博通的清代的焦循，写了三本《易》注，讲什么“旁通”，其实是东拉西扯，纠缠不清，支离破碎，把文从字顺的话搞得句不成句，字不成义，不堪卒读。

今人怎样呢？可惜仍然在猜谜。高亨在抗日战争时写的《周易古经今注》，不采四说，专从文字上作训诂，当他解不通时，往往擅改经文。例如，“睽”卦写旅客出门所“见”所“遇”的事，其中有一条是：旅客在路上远远见到前面有一辆大车载着东西走，走上前去，见到大车前是一头牛，牛使劲地拉，一只角高一只角低也拉不动；赶车的汉子下来帮着推，一看这个汉子非常难看，额头烙了个印，鼻子被割掉（这是一个奴隶。奴隶主为防止奴隶逃亡，往往加以烙额割鼻之刑，初爻的“恶人”，四爻的“元夫”，都是奴隶）。这是奴隶社会，故旅客在路上常见到奴隶。作者细致刻画，他写旅客由远及近，由后到前，先见车，再见牛，后见人，由粗看到细看，俱见其艺术技巧，高亨则解为有人自后引退其车，而牛则强进，不肯听从赶车者之意。倒引其车，势已不顺，而牛更向前强进，就更不能动了。这表示“逆物而行，且有大力者掣之，则将蹈于刑”的“抽象原理”。他既擅改原文（改“见”字为“其”，变为一句没有谓语的句子，不知“见”是旅客所见，卦有三个“见”字，决不能改），又强解字义（曳训牵引，他则解为自后引退。掣是牛拉车，一角高，一角低，形象地写牛拉得用力。而他却强调掣是牛强拉车，不听人意），还要从具体事物中引申出什么“抽象原理”来。这就是猜谜。人是受了刑的奴隶，硬说是“将蹈于刑”，岂非胡猜？

李景春著《周易哲学及其辩证法因素》（1962年）注解《易》文，也是胡猜。且他既以封建社会的《彖》《象》二传作为注解的根据，而又用马克思主义的词句加以附会。

例如“讼”有一爻说：“不克讼，归而逋其邑人三百户。无眚。”说的是两种斗争：一是贵族内讧，一是阶级对抗。两个贵族讼争，那个讼争失败者回到他的邑去，邑人（奴隶）趁他失势，一下子逃跑了三百户。邑主也没办法，不敢对邑人怎么样。这两种斗争，反映了奴隶社会趋于没落，统治阶级内部矛盾尖锐，被统治者敢于大规模地集体逃亡以反抗统治者。在古代社会史中，这是珍贵的史料。可是李景春却说：“不克讼，是斗争没有解决。而且在斗争中我方遭到暂时的失利。在敌大我小的时候，是不宜硬拼的，于是就暂时避开到偏僻地区去，养精蓄锐，以备再起。这样是没有灾害的。”这样训解，显然是错误的。

以上举了几个例子，从孔子说到今人，可见《易》之所以成为“谜”书，并不是它本身是“谜”，而是因为古今来解《易》者把它当作谜，而胡乱说他们自己所要说的话。

二、用什么标准来破“谜”

古今来解释《周易》的，把它当作谜，而用各人自己的思想来附会。我们说它不是谜，那么，用什么标准来打破这个“谜”呢？

这里至少要有两个标准：

要用历史唯物主义的观点方法进行研究。

《周易》是我国第一部著作，它所根据的材料，所记的事实是古远的。这些古远社会的事实，人们的生产斗争、社会斗争，如果没有历史唯物主义的理论做根据，就无从了解。孔子很喜欢搜集历史文献，又是一个非常好学的人，他周游列国，每到一国，他都留心访问。对于《周易》，他的确读过，传说他还读得很用功，汉代人说他读《易》“韦编三绝”，就是说，写在竹简上的《易》文，他翻阅又翻阅，把穿竹简的皮韦翻断了好几次。在他之前，已经相当流行用《易》来占筮。在鲁国有《易象》一书，就是《周易》。但他用功虽勤，却没把《周易》读通。一则因为他的目的在于找行为修养的教训；二则因为他对古代社会了解不深，尤其对生产方面不大注意。有关生产的事，在他也变成修养了。以后的经师儒生，去古愈远，就更不知古代社会的事了。加上阶级的限制，如奴隶对奴隶主斗争的事，他们就永远也不能理解，也不想了解。《易》有不少关于古代的打猎、牲畜、农业、商旅等的记载，这些都要有古代社会史的知识才能理解。在政治问题上，由于作者痛心于周室即将危亡，对贵族阶级的腐朽和矛盾斗争，多所反映。奴隶社会会掳人为奴，抢掠财资，故战争很多。婚姻家庭，古远社会有那时的礼俗形态，社会发展变化，有些已不是后代所能见到，甚至文献也找不到的，如对偶婚、劫夺婚之类。如不是社会发展史的理论告诉我们有关这些情况，我们对于《周易》中这类记载，甭想能够了解。《周易》中许多有关古远社会的生活情况的记录，均要靠历史唯物主义的理论给我们指导，才能读得通。这里，尤应以恩格斯的经典著作《家庭、私有制和国家的起源》为根据。没有这部经典，根本不能读《易》。

要明白《周易》的组织体例。

《周易》每个卦分为两部分：一、卦画，二、卦爻辞。卦画以乾、坤、坎、离（☰ ☷ ☵ ☲）等八个卦为主，八卦自叠和互叠，构成六十四个卦。这些卦画是为占筮时数蓍用的。卦爻辞是每卦一条卦辞、六条爻辞。系于卦画下的为卦辞，系于六爻之下的为爻辞。卦画无义，意义表现于卦爻辞，尤其是爻辞。爻辞不够叙述时，才从卦辞叙起。卦辞头一二字是标题（标题有时省去）。标题有复义的，有时在卦辞解释其中一义。前人不知卦名（即标题）有复义，以为只有一义，其实两义的标题有好几个，而“明夷”卦的歧义最多。标题有从内容标的，有从形式标的，有形式和内容统一的。不少卦标题用爻辞的多见词标，这多见词有的与内容有关，有的无关。以上这些组织法，比较容易见到，虽则前人并不清楚。

还有不少组织体例，前人更不明白。但这些组织体例，一定要懂得，才能读《易》，而且一定要根据这些组织体例来解释《易》文才能得出正确的意义。否则真像猜谜一样，各人有各人的猜法，各人都认为他所说的对。如果明白它的组织体例，便可以分别出谁说得对，谁说得不对。旧说的卦象、卦德（义）、爻位、阴阳、刚柔都是从卦画造出一套说法。然后往卦爻辞硬套，而不是从卦爻辞本身得出它的组织体例。卦画为占筮用，与卦爻辞是两个体系，不能用这个体系往那个体系套。今人寻章摘句，孤立地来看卦爻辞，解释单辞只句，似乎可通，但从全卦全爻一连贯，这个解释便不通了。古今人说《易》，各有各的毛病。前人全误，今人虽偶有所得，实际也没读通。《易》的卦爻辞，表面看好像杂乱无章，不相连贯，其实它是有组织有体例的。上面所说，已略见一斑，拙编《周易释例》，对它的组织体例谈得较详。兹再例举若干体例于下（不能详述，可参《释例》）：

大多数卦用事类为组织，每卦讲一类事。事类多的，分几个卦写，如讲农业的，有“蒙”“小畜”“大畜”“大有”“颐”等卦，还有在别的卦中插叙的。写商旅的更多（写行旅也即商旅，为经商出门），全卦或半卦有“需”“随”

“复”“明夷”“睽”“蹇”“丰”“旅”等卦。写战争的，有“师”“同人”“离”“晋”等卦。写婚姻家庭的，有“贲”“归妹”“蛊”“家人”“渐”等卦。写政治或政治思想的，有“讼”“遁”“萃”“困”“井”“兑”“比”“临”“观”“剥”等卦。讲行为修养的，有“履”“谦”“豫”“无妄”“小过”等卦。如此之类，是用事类为组织的。

有的卦所写的事类不一，比较复杂，则用形式联系法，或在标题上，或用对立的两卦为一组，把它连贯起来。例如“屯”义为难写各种困难之事。“坎”为坑穴，写与坎坑有关之事。“恒”为恒常，写往古的日常生活。“夬”为快的本字，有快速、快乐二义，写速不速、乐不乐之事。“姤”，借为媾和遘，写婚媾和遘遇之事。“节”有节度、节约二义，写遵守不遵守节度、节约不节约的生活。有三对对立的组卦，用各种事例说明对立和对立转化的道理。

卦爻辞分两类：一类是占筮结果记录其事的筮辞。筮辞又分三种：一种是贞事辞，记所占的事；一种是贞兆辞，记所占得的言凶兆示；一种是象占辞，与用蓍草占筮不同的另一些占卜术，有天文占、梦占等，记了来跟蓍占互相参考以决定吉凶的。古人迷信，用各种占卜方法，互相参照。

另一类卦爻辞是作者立论，不是筮占的记录。这又有各种辞：有理论语，有说明语，有比喻语，有引用语，有衬托语。

《周易》组织用辞时有省辞法。因古人行文力求简净，可省则省，不多写一字。例如，标题省辞：每卦有个标题，标题不连下文读，但有几个卦如“同人于野”“履虎尾”“否之匪人”“艮其背”等没有独立标题，不标自明，故不标。节引法：一种是后卦引用前卦文，或本卦自引，只引一部分，省去一部分。如“谦五”之引用“泰四”，“无妄六”之引用卦辞。另一种是同性质的两三条爻辞平列，中间一爻多一句话。如“谦”二、三、四爻中，三爻多“君子有终”一句，“临”四、五、六爻中，五爻多“大君之宜”一句。这多出的一句话是兼指前后文说，不是单指这一爻。是为了省辞，不重说。

辞同义异例。《易》有辞语相同而意义不同的。如“蒙”有两“童蒙”，前一，是奴隶蒙昧之意；后一，童借为撞，指撞击树木。“损”卦有句“弗损益之”，前一应读“弗损，益之”，因与“酌损之”相对；后一则不分断，意为不损也不益。

换辞法，即辞异义同。有“金矢”“黄矢”“黄金”三语，其实即指铜箭头。“坎”有“丛棘”，“困”有“幽谷”“蒺藜”“葛藟”“臲卼”等词，其实均指监狱。“未济六”：“濡其首，有孚失是”，“是”借为“题”，题即首，是声。

用假借字。《易》多用借假字，如童借为撞，童牛之童又借为犝。假借法又不一律，“贲”卦之贲训饰，又借为奔，借为豮。计《易》用假借至少有一百五十字以上。用假借字，古书惯例，不明假借，不能读古书。问题在于《易》用假借，很不规则，有时用本字，有时用借字。如奔、豮，《易》有其字，而“贲”卦不用，因卦用“贲”标题，故各爻全用贲而不用奔、豮。“明夷”卦之明夷二字尤怪，歧义最多，明为太阳，又训光明；夷从大弓，是本义。卦爻辞有时用本义，有时用借义，借又不一样。如，“明夷于飞”，借为鸣鹈。“明夷，夷于左股”，明夷，太阳下山，夷训灭，而夷于之夷，借为痍，训伤。“明夷于南狩”，又解为鸣弓，即射猎。“获明夷之心”，明夷又变为大弓之名。心，杺木，制弓的好材料。“箕子之明夷”，明夷又是国名，箕子往明夷国去。看，“明夷”两个字有多少不同的意义。要明白《易》用多义词为组织之例，又要知道它多用假借字，假借法又不一律，必须具体分析，才能读通。

贞兆辞原是占筮时表明吉凶的专门术语，但作者却又用作说明事理，判断是非。“悔亡”是失败或战败之意；“无咎”是无罪，没错处之意；“凶”是事情很坏之意。但这也要看用在什么地方，讲什么事情，才能明其意义。

总之，既要知《易》的组织体例，又要做具体分析。

三、几个例子

没见过《周易》的，不知它是什么样子，兹举几个卦作为例子。每卦卦爻辞照录。每个例子，先将原辞抄下，然后用现代语翻译（爻次改用一二三等数代，贞兆辞如仅表占筮吉凶，与贞事没多大关系的，不译，在原文用 [ ] 括起来）。要解释的，在译语后再解。所谓贞事，是所占之事的记录。作者立论与贞事辞同列，不另分开，解释时说明。每卦写一类事，但有时也连带说到与这一事类无关或关系不大的筮辞，可说是附载，附载筮辞与上下文不连续，用括号括住，以示分别。《易》文也有传抄错误之字。可以确知其讹的，于原文后用括号加上正字。

1. 商旅会碰到种种遭遇的一个卦

䷄（乾下坎上）

需。有孚［光亨。贞吉。］［利涉大川。］

初九，需于郊，利用恒。无咎。

九二，需于沙［沚］，小有言。终吉。

九三，需于泥，致寇至。

六四，需于血，出自穴。

九五，需于酒食，贞吉。

上六，入于穴，有不速之客三人来，敬之。终吉。

《易》六十四个卦，每一卦的卦画是由八个基本卦☰☷☵☲☳☴☶☱（乾坤坎离震巽艮兑）自叠或互叠构成。“需”卦由坎乾两卦叠成，由下往上数，故说乾下坎上。卦画用数字代，⚊叫阳爻，数为九，⚋叫阴爻，数为六。爻的次序也从下往上数，第一爻为⚊，故叫初九；最上一爻为⚋，故叫上六（从《易传》起才有这种说法，春秋时占筮不是这样说）。

“需”是标题，前人叫卦名。疑原来的卦名是卦画，卦画不好说，故用卦爻辞的标题为卦名。春秋时筮占虽称文字的卦名，但必附以卦画注明，而文字卦名直到汉代还没统一称谓，可见原来卦画是卦名。标题属卦爻辞系统，与用作占筮的卦画不同。

需，濡的本字，从雨从而，而声，“而”或即天的隶变，篆文而、天形近。需义为濡湿。孚，俘的本字，从爪从子，训获。战争获得俘虏为孚，商人得利也为孚。“利涉大川”，商旅虽也涉川，但此为另占。

六爻写商旅的遭遇：有时在路上的郊野遇雨，为雨淋湿，郊野没地方避雨，只好继续走，让雨淋着。“无咎”，没事，没生病之意。有时经过洲沚，不小心掉在水里，为水所湿，洲沚水浅，没被淹。湿了衣服不要紧——沙是沚的形讹，沙也作沚，沚沚，形近易误。沙不会湿人的。言借为愆，错误。犯了小错，即不小心掉在水里。有时在泥泞路上走，路滑，净摔跤，一身泥浆水。这已够倒霉了，最倒霉的，有时还遇到强盗抢劫。商人带着钱和货物去做买卖，说不定遇到强徒拦路抢劫的。

以上写商人在路上的遭遇。六爻分前后两部，后三爻写商人晚上投宿人家的遭遇。古远的贸易，还没有市场、商店、旅馆等设备，商人出门做生意，要借住人家，招待客人的叫“主”“主人”。《易》常说“主”。不过投宿人家，主人乐意不乐意招待，很难说。而且商人带了货物和钱，主人善良不善良也不一定，所以商人遭遇有幸有不幸。

西北地区人们一向住窑洞，远古时在平地挖地穴或半地穴住，穴居野处。商人有时借住一个人家，谁知给人打了，满身血污，从穴里逃出来。这可以从“致寇至”互相联系。可以推想，在路上会遇到抢劫，在人家也会遇到抢劫。但这只是一面，另一面，却又有许多好客的主人。有时遇到好客的主人，用好酒好肉招待，客人酒足饭饱，醉醺醺的，连衣服也弄湿了。这是幸遇。有时进到窑洞里，接连一个又一个不召自来了三个客人，主人并不嫌弃，一律殷勤款待，大家欢聚，很好。这可见当时商人来往之多。

“需”卦写一类事，商旅。卦的组织分前后两部，前半写路上的遭遇，后半写投宿的遭遇。前二爻写小不如意，后二爻写幸遇，中二爻则写不幸的遭遇。是又分为三个环节，成为连环式的组织。

旧说解需为须待，以需为须。又说“需”是饮食之卦，因为只看到“需于酒食”一爻，其余都不懂。这种说法完全错误，胡猜。今人有把需解为驻止的，也是胡猜，对字义解不通时不解，而用象征乱套。他们既不明卦的组织，连字句的意义也没弄通。

2. 阶级斗争之卦

䷯（巽下坎上）

井。改邑不改井，无丧无得。往来井井。汔至，亦未繘井。羸其瓶。凶。

初六，井泥不食。旧井无禽。

九二，井谷射鲋。瓮敝漏。

九三，“井渫不食，为我心恻，可用汲。”王明，并受其福。

六四，井甃。无咎。

九五，井洌寒泉食。

上六，井收，勿幕，有孚。元吉。

“井”，用爻辞中多见词标题。井有三义：井田、水井、借为阱。井和内容写阶级斗争无关。各卦用爻辞的多见词标题的不少，有和内容有关的，有与内容无关，只取形式联系的。“井”写阶级斗争，内容相当复杂，故从卦辞写起，贯连下去。卦辞先写邑人把邑主赶走之后，国王给邑主调换一个邑；其次追叙邑主怎样压迫邑人的情况；后半写新邑主来了之后，给邑人改善了生活。

“改邑不改井”，国王给邑主调换了一个邑，叫他到别的邑去，邑改了，井田数一样多，没改变，故“无丧无得”，不多不少。古代的田划为豆腐方块式，像井字，故叫井田。井田整齐，田数多少，很易计算。邑主回去办理交代手续，邑人没再难为他，打下他昔日压迫邑人的威风，不让他统治就算了。往来之间，井井有条，很有秩序。

邑人有农民，有奴隶，都是生产劳动者，被统治者。为什么邑人要赶走邑主？因为邑主压迫得太厉害了。“汔至”以下，追叙压迫的情况：井涸塞了，邑主也不给挖好它（汔，干涸；至，借为窒，淤塞。繘从矞，矞义为穿，挖井叫穿井）。打水的瓶罐是破烂的（羸、儡通借，儡，败坏）。还有其他很坏的情况（凶，连接和兼指上下文）：有的井井水泥浆一样，不能喝。捕兽的阱旧坏了，不能捕到野兽。井和阱，崩坏成大坑，长了鱼，要射来吃，鱼又小，射不到（鲋，小鱼）。要装点雨水来喝，瓮缸又是破烂的，漏水的。总之，喝没喝的，吃没吃的，活不下去。邑人起来造反，把邑主赶走。

新邑主来了，邑人向他控诉旧邑主的罪行。事实俱在，他也承认：“井水的确太脏了。”（渫，污浊）他说：“好

吧，给我把井掏深，就可以汲来喝了。”（“我”，贵族自称。《易》例如此。“心恻”，借为沁测，用物探水为沁。测，深）

“王明，并受其福”，是作者对此事作的评语，认为国王对此事这样处理是明智的，使大家都得到好处（并，同于普遍之普，包括邑人、邑主各方面说）。作者这个评语，插在卦爻辞的中间，从卦的组织法说，它是连贯上下文的，是对整个事件作的评语。即对邑人赶逐邑主，国王调换邑主的邑，以及改善生活条件等全部过程的评论（古今解《易》者对这样写阶级斗争的卦，对作者的政治思想以及对卦爻辞的组织法，全不了解）。

后三爻继续写对生活条件的改善：“井甃”，用砖石砌好井壁。这当是邑人进一步提议。因井易崩坏，索性把井壁砌好。砌好了，井水就清洁（冽）了，泉水寒凉可口——上说掏井，针对涸塞说；此说清洁，针对泥泞污浊说。这就彻底把水井修理，解决饮水问题。还有吃的方面，也同时解决。办法是修理缩小（收）水井和陷阱崩坏的口，不加井盖（勿幕），变成新的陷阱，这就可以捕兽了（有孚，获兽）。这样，喝的吃的，全部解决。邑人在阶级斗争和生产斗争上，获得双胜利（元吉）。

“井”卦反映了奴隶社会人民力量已增大了，敢于斗争，敢于胜利。过去统治者作威作福，操生杀之权的时代已一去不复返了。这是我国奴隶社会史的绝好资料。到了春秋就有列国“多盗”的事，所谓“多盗”，实际上是规模还不很大的农民革命。比较大，惊动一时的，是盗跖领导的一支农民革命军。旧注猜谜，解井为水井，又解为养。当然不理解阶级斗争。

3. 原始社会一种古怪的婚姻形态

恩格斯的《家庭、私有制和国家的起源》说，蒙昧时代的最高阶段，通行族外婚，出现一种对偶家庭，个别地方起源于野蛮的最低阶段。对偶婚是野蛮时代家庭的特别形态。这种婚制古远，在文献上很难见到，而《周易》却三次记载，见于“屯二”“睽六”，写求婚和订婚。而“贲”卦全文叙述了它的亲迎过程。恩格斯说，族外婚，女性显得少了。故“屯”写求婚的困难。屯，难也。“睽六”写订婚，带着婚礼去。亲迎，带的婚礼更多。对偶婚亲迎的特色是，男家氏族的家庭公社全体成员陪新郎一起到女家去，不管两处距离多远，一样去。我国东北兴安岭的鄂温克人在解放前一直过着原始社会生活，他们的对偶婚亲迎就是全家庭公社成员一起去的[1]。“贲”卦写的正是这种特殊婚俗：

䷕（离下艮上）

贲。［亨。］［小利有攸往。］

初九，贲其趾，舍车而徒。

六二，贲其须。

九三，贲如濡如。［永贞吉。］

六四，贲如皤如，白马翰如。匪寇，婚媾。

六五，贲于丘园，束帛戋戋。［吝，终吉。］

上九，白贲。［无咎。］

“贲”，用爻辞多见词标题。贲有三义：从贝，训饰；卉声，借为奔；又借为豮。贲与内容无关，只用形式联系法。卦爻辞的贞兆辞与贞事无关，各为系统，另占，不连。占往也无关，附载辞。

六爻分三部：前，写行前准备；中，写途中情况；后，写到了女家，送上婚礼。“匪寇，婚媾”，说明不是抢劫，而是婚姻。《易》三次写对偶婚都用此语。恩格斯说，与对偶婚同

① 秋浦等著：《鄂温克人的原始社会形态》，第73页。

时有劫夺女子的劫夺婚，故有说明的必要。此句插在爻辞中间，依《易》例，连贯上下文，即全卦写的是对偶婚的事。跟“屯二”“睽六”此语在爻辞里不同。

亲迎的行前准备：氏族的家庭公社全体成员都去，故有坐车子的，有走路的，下文还说有骑马的。走路的就得修饰装备好两条腿（趾，脚）。走路的当然是青壮男子，坐车的是妇女小孩。还有老头子，老头子没忘记修饰修饰他的胡子（须）——仅仅三句话，把去的人多写了出来，男女老少都有。从修饰胡须，可见其他人也必做了装饰，尤其是妇女们，当然打扮得漂漂亮亮的。从人们的装饰，可以想象他们要办喜事。

途中情况：他们热热闹闹奔跑前去，跑得一身汗（濡，湿；指流汗）。天气很好，可是太阳太毒，火烧一样（皤借为燔，郑玄本作燔，即焚）。白马昂头飞驰而去（翰，鸟飞，马飞驰也说翰）——这用物烘托人的写法，马飞驰，显出骑马人的英俊。这是写新郎和他的伙伴。

到了女家，送上婚姻礼物：他们奔到丘园，即女家附近。送上一束束丰盛的布帛；还送上一些白色的大猪（白贲，贲借为豶）。

《易》的一个重要价值，在于它保存了好些古代社会史料。对偶婚，《易》三记其事，文献上所仅见。求婚、订婚、亲迎，合成完全图景，俱见作者选材的卓识。

这种古远的婚姻，当然非旧注所能明。

四、略谈《周易》中关于生产斗争的记录

《周易》所载关于生产斗争的事，一般说是相当古远的，如上引“不恒其德”，就是原始社会人们以打猎所得的东西维持生活，极其靠不住的反映。关于打鱼，记得很少，而且描写打鱼生活极其艰险，很容易淹死。后来他们用箭射鱼，不下水去捞，但射鱼是为了用鱼来祭祀或行礼需要，可见不以打鱼为生活了。田猎的记录还不少，但无专卦。田猎的作用经过几度变化：最早打来野兽供食用和皮毛做衣服；其次捕捉活的和小的动物饲养，成为家畜，牲畜的饲养和繁殖，对食物的供应，比打猎可靠多了；战争频繁，打猎成为打仗习武的事，《易》记打猎常与战争同说，两者同属一个范围；最后，贵族把打猎当作娱乐。这四方面，《易》均记载。变化过程，随着历史发展，前两者逐渐少了，后两者一直存在。值得注意的是，由于弓矢是打猎和打仗的重要武器，对于制弓矢的材料，经验积累，知道选用什么材料最好（渔猎生活，非旧注所能懂）。

人类最初的分工，是按性别分的，男子出外渔猎，妇女在家干家务，采集植物饲养牲畜。《易》记饲养和繁殖牲畜的也有不少，但也没专卦。由于饲养牲畜，知道什么植物人也可以吃，于是发展为农业生产，农业可说是妇女发明的。家庭经济由妇女掌管。对偶家庭，女子带了她的财产到男家，家庭仍由女子为主，同居七年之前，即使还差三两天，她可以自由离婚，财产由她分。后来畜群多了，打仗男子捉来俘虏变为奴隶，驱使奴隶劳动生产，经济权操在男性手上，成为男性统治。奴隶社会，妇女沦为家庭贱役，丧失了她的社会地位和荣誉（封建社会，压迫女性更甚。但他们不知有过女性社会的存在）。

农业，《易》有几个专卦，说明周人很早就进到以农业为主要经济部门的时期，跟考古学家发现在仰韶文化时期有粟壳和菜籽，证明和已是以农业为主要生产的基调相符。周人始祖后稷被歌颂为农业英雄以至是农神。这一切说明周人的农业生产很早就开始了。值得注意的是，周人长期的农业生活，得出很宝贵的经验。例如，在农业专卦里总是提到防备或抵抗敌人的抢掠。恩格斯说，野蛮人以抢掠邻人的财富为光荣，以战争为职业。故周人讲农业就必提防和抵抗敌人抢掠，保护庄稼。他们主张解决粮食问题要自己谋求解决，不能抢人家的。解决办法是开荒垦殖。认为一面要增产，一面要提防敌人来抢，两方面注意。又说，想农业丰收，先要尽人力，不要互相侵害；尽人力，即使遇到天旱也不怕它。从农业生产得出一个正确的理论：反对一切侵略，要防御自卫（封建士大夫完全不知农业生产事）。

商业，《易》记得很多，专卦或半卦有七八个，因为周代商人都是贵族。《诗·瞻印》说：“如贾三倍，君子是识。”这些君子们净想发财。《汉书·地理志（下）》说“周人之失，巧伪趋利，贵财贱义，高富下贫，喜为商贾，不乐仕宦”，是有其历史根源的。《易》写这些贵族商人，东南西北各处去到，不怕艰险，爱财如命。起先贩卖牲畜，后来贩卖奴隶。商人又多数在外胡花胡搞，花了钱，同伙质问他亏本的理由，他也说不出来。商人得了一种“疑疾”，这“疑疾”很可能是溺于女色的蛊疾（疑，蛊；同惑）。《周易》写商人的活动，一面反映出周代商业的逐渐发展，另一面揭露贵族商人爱财如命的本性。这些贵族在政治上是庸才，营私结党，狼狈为奸，矛盾斗争，把王室搞垮。在商业上却是能手，有利可图的，不管怎样艰险都去，连性命也不顾。例如“震”卦写在大雷雨时，商人担心他的货物受损失，冒着雷雨，爬山越岭，往市场跑。到跑不动时，还安慰自己：不用赶了，即使受损失，几天内就可以捞回来。作者非常痛恨这些贵族只顾发财为害国家，往往揭发他们的罪恶和丑态（封建社会，贱视商人，却不知周商人正是那些贵族。《易》作者之抨击商人，跟封建社会的贱商，全不相同）。

五、略谈《周易》中所说的社会斗争

《周易》所记之事，少数是西周前的，多数是西周时期。从政治说，是周室由盛到衰，尤其是西周末年的政治现象；从社会说，是奴隶社会由极盛到没落的时期。最早的历史故事是高宗伐鬼方。高宗，殷盘庚的第三代，于周人约相当于太王的高曾祖。卜辞所记始于盘庚，《周易》史料大约也是始于这个时期。上举的三个卦，“需”当是西周初不远的商人之事，“井”是西周末年的阶级斗争，“贲”则是古远的婚制遗风，距西周初相当远。这代表三个阶段：古，初，末。就“益”卦说，太王迁于岐山，建城作庙。文王作邑于丰，为古远阶段；武王伐纣，周公东征，为周初阶段；末了写贵族内讧，斗争激烈，是西周末阶段。从政治上这样划分。从社会说，也可以这样分：克商之前，是周人的奴隶社会初期；克商和东征，俘获了许多奴隶，是极盛期；到了西周末，战俘少了，商人贩来一些奴隶，而奴隶大规模地集体逃亡，邑人敢于驱逐邑主，便是奴隶社会没落期。周民族的政治社会是这样发展变化的。下面说的，关于战争的，是周之前和周初的经验；贵族内讧和邦交问题，是西周末的情况；刑狱和父权制家庭则是西周全期的现象。大致如此，虽则不能这样严格区分。

1. 战争

野蛮人以抢掠别人财富为光荣，以战争为职业，战俘是奴隶的主要来源，故古代战争之事很多。《周易》写战争的专卦就有四个，散见的还有不少。记重大的战役可以考见的有：殷周联军伐鬼方；太王为狄人侵略被迫迁徙；有嘉用“三光”政策残暴地侵略，周王（当是文王）反击，斩嘉君之头，俘虏了许多敌人；武王伐纣；周公东征等。由于战争频繁，关于战争的记载，颇有总结经验意义。

关于战争的总原则是：反对侵略，主张防御自卫。

关于战争情况：有伏击战，有攻坚战，有遭遇战。伏击战，隐蔽起来，神出鬼没，是很难战胜的。攻坚战，如守卫严密，也不能打。遭遇战，虽有先头部队，有后援军，但如不了解敌情，先头部队冒进，就会打败仗。了解敌情很重要，先捉个别俘虏了解一下也是方法之一。熟悉地理至关重要。

作者对于军事学有相当丰富的知识。例如：

行军必须有纪律，纪律不好，必然失败。

对于敌人要常常戒备，不分男女老少，都要有同仇敌忾的斗志，丝毫不可忽略。

对敌作战，事先要较量敌我形势，做好全盘计划，胜勿骄，败勿馁。斗志要高，不怕苦，英勇杀敌。战争为了打败敌人，不为抢掠物资，迫使敌人投降。是上策。士兵的质素和士气，关系到战争的胜败。

旧注根本不知古代的战争和作者的军事学识。

2. 贵族内讧

《周易》的著作，实际是为挽救周室的危亡，而周室的危机，是由于贵族的腐朽无能，矛盾斗争所造成。作者为了挽救危局，一面揭露贵族矛盾斗争的罪行，一面提出他自己对于政治和行为的见解。一面批判，一面建议。两者结合，一个目的：救亡。他之所以写为占书，是因为占卜是他的官职，掌握了许多占卜的材料；同时，当时人们相信占卜，用这个形式，既可容易起作用，也掩饰了一些批判揭发贵族罪行的话，免致遭到贵族当权者的杀害。一些揭发贵族罪恶的话，多分散在各个卦里，话也说得比较隐蔽，多用“或”代君子，甚至省去主词，有时用借代词不直写其事，不容易一下看得出来。正因为这样，后代读者多不明其意义。不了解这些话，对于著作年代也就不知。其实这些话正是西周末年政治现象的反映。只有《系辞传》的一个作者较能看出问题，说《易》作者是有忧患的，“明于忧患与故”。所谓忧患，即指这种政治斗争。所谓故，是历史经验。由于这种贵族内讧，陷周室于危亡。我疑“周易”的命名，是周将变易、周将沦亡之意。

作者写贵族的矛盾斗争分几种写法：

一、直接描写。如说两个贵族争讼，那个失败者回到他的邑去，邑人乘他失势，大规模地集体逃亡了，他没有办法。写两派任用私人，一派升自己人的官（用赐革带代表），别一派把官革掉，改任自己人，这一派不甘心，又革了他。这样争来争去没个完。有的贵族专门攻击人，排挤人，居心莫测，诡计多端，横行霸道，以致被攻击者也没人敢帮助，造成灾祸。

二、怒斥那些营私结党狼狈为奸的“匪人”，尽干坏事。警告他们，一定没好下场。劝大人君子不要做匪人，因为为害国家，非常危险。如果误入了他的党，沦为匪人，要赶快觉悟。

三、从被压迫被排挤者方面说说他们处境很困难，尽心职位而常常叹息流泪；有的日夜戒惧不安，怕大害临头；有的甚至被迫自杀。

四、间接地从一般人的思想感情说。由于政治黑暗环境恶劣，好些人都想隐遁不仕，洁身自爱，不愿跟这些匪人混在一起。

作者对前两种人表示憎恨，对后两种表示同情。

封建社会，贵族内讧更激烈，但对于《易》所反映的却不了解。

3. 邦交问题

周统一天下以后，大封功臣、子弟，订立盟约，互相联结，巩护王室。因为周围既多异族国家，中原也是许多不同种族的国家互相杂处的，王室不过是共同尊奉的宗主而已。由于各国各族发展不平衡，互相并吞成为必然的结果。功臣子弟分封了的国家，经过二百多年的发展变化，各国情况既然不同，昔日的誓言也早已置之脑后，各谋自己利益。试看春秋之初，一个新兴的小小郑国，竟敢欺凌王室，目无周王。作者对于当时的国际形势是了解的，但他把挽救周室危亡的一部分希望寄托于列国，期望它们仍能恢复周初那样，大国能互相联结，宗奉王室，巩固王室。希望这样王室就不会灭亡。

他写了一个卦——“兑”，专谈邦交问题。他先提出邦交的宗旨在于和平共悦（和兑）。然后指出有两种国家破坏邦交：一、“孚兑”，以俘人为悦的，近于现在所谓侵略主义者；二、“来兑”，强迫人来悦己的，近于威慑主义者。因为它们破坏，使国际会议达不成协议。而且据他分析，这两种国家犯了好战大病，不会改变的。只有把它们打败，才能引导大家和平共悦。

讲邦交，主张和平共悦，跟他一贯所说的反对侵略，主张防御的思想一致，他认为“孚兑”“来兑”两种野心家，绝无好结果，果然，侵略者被人打败。打倒侵略者，邦交问题也就得到解决。然而这只是作者的一种幻想，终于失望，当时各国以俘人为悦者，强人来悦己者，正自不少。周王室被侵，没人去救。

4. 刑狱

刑狱，统治者用来镇压人民的强制机器。奴隶社会，奴隶主操生杀之权，被统治者的命运是悲惨的。《易》文颇有讳饰，没有说得很清楚。有一个奴隶不小心把贵族的粥打撒了，贵族加以大刑。这大刑，可想而知是什么。一个邑主的一头牛没绑好，给过路的行人牵走了，其结果是“邑人之灾”。这所谓灾，也可知是什么，还不是冤枉邑人，杀了一些人。有一个专卦“困”，专写刑狱的，刑有打屁股、担枷示众、割鼻、刖足等。奴隶叫作“刑人”，即受刑者。又叫“恶人”，因为被烙额、割鼻，样子很难看。牢狱，作者换了几个词，形容其黑暗叫“幽谷”，防犯人越狱，狱外围上荆棘，叫“蒺藜”。或围以葛针，打上木桩，防卫森严。

5. 家庭

《周易》所写的家庭，是父权家长制家庭，男性统治，在家里不做事，对家人有生杀权。妇女禁闭在家，形同囚犯，所以也叫“幽人”，而地位像奴隶，整天忙于家务。家庭奴隶也是家庭成员，被统治在家长权力之下。妇女不生育则被休离；妇女被禁闭，男子不在家，她往往逃跑掉；寡妇可以再嫁；婚姻还保存原始社会的对偶婚、劫夺婚和姊妹共夫的遗风；姊妹共夫，长姊如被休离，其妹也同时被休。《易》三次记对偶婚，分写求婚、订婚和亲迎。写劫夺婚，说女子被劫很悲伤，又说劫夺是危险的，碰到武装者，连性命也丧失。《易》还提到三种家庭：一、贫穷之家，说它虽艰苦，可以变好；二、富贵之家，却终于倒霉；三、幸福家庭，用“渐”卦专写——除了说物质生活好，还说教育小孩有文娱，最突出的，说妇女不孕也不要欺凌她。

原始社会固非旧注所能明，《易》作者同情妇女的开明思想，也非封建士大夫所能了解。

六、略谈作者的哲学思想

从上面论述中，约略可以看到作者一些思想，如农业生产的经验，战争军事知识，对政治匪人的批判，邦交问题的分析，对妇女的同情等，都是具有思想性的。这里再谈谈他其他思想的表现，每种虽有若干卦，但不详举，只举有代表性的。

1. 政治思想

“兑”卦讲邦交，上已谈到。“比”卦讲上下亲比，内外亲比，而反对阿比匪人。“观”卦讲政治观察要广大，反对愚蠢片面。讲政治理论，则以“临”卦为代表。

作者的政治理论，主张德治和人治。德治，要用宽和政策和感化政策，不要钳制压迫。如起先压迫必须改为宽和，不要再压迫了。人治，统治者要躬亲政事，不能贪安享乐；要有聪明智慧，善于施政，考察利弊；还要品质善良诚朴。就是说，要德才兼备。这些都是针对当时政治腐败来说的。

2. 行为修养

关于人的问题尤其重要，作者的政治思想重在人一方面。有了人就有善政，有善政没人实行也是空话。当时贵族腐朽堕落，从贵族内讧可以见到。关于行为修养的话，实在是针对贵族说的。有时从正反两面说，有时只从正面说，其反面就是那些贵族的言行思想。有用专卦谈，有只在一个卦里连带说到，总起来是不少的。

部分谈的，如“履”卦说行为要纯洁，思想要开朗，不要急躁，而要重视，反复周详地考虑。“革”卦说不要发威发火。“涣”卦说既要自己好，更要群众好。“节”卦说要遵守社会节度，要生活节约。“小过”卦谈批评的方法态度。全卦说的，如“谦”卦论何为谦德。“豫”卦谈如何思考。“无妄”卦戒为非作歹，胡思乱想。

作者思想之精深，以“谦”卦论谦德论批评为代表：先举一般君子的观点，以为谦就是美德。作者认为这样笼统地、片面地讲谦是错误的，他提出新谦德观：谦要以明智、勤劳、㧑奋三者为前提。先要有明智辨别是非，应谦才谦，不应谦就不谦；在什么时候，对什么人，先辨清楚，不能一律说谦。谦先要勤劳刻苦，肯干苦干，才能说谦，如怕苦怕累，自己不干让人干，这是懒汉，不是谦。谦又要有㧑奋精神，做事抢先，干在人前。如怕有危险，让人去试，自己躲起来，这是懦夫，不是谦。所以，谦必须以明智、勤劳、㧑奋三者为先决条件，不能单说谦就是美德。作者举抗战为论证，证明不能片面说谦，而要以明智、勤劳、㧑奋为前提，尤为精辟。在敌人侵略时，决不能谦让，做投降主义者，而要反击，要自卫。抗战就要不怕艰苦，坚决打下去，直到胜利。抗战就必须奋勇杀敌，不怕牺牲。作者反对侵略，主张防御，把这个正确思想运用到道德论，就得出新谦德观。这是符合辩证法思想的。

作者批评过一些贵族做事有头无尾，有的则是常败将军。"谦"卦当是针对那些懒汉懦夫说的。至于论批评，无疑是针对那些专攻击人，诡计多端，以致没人敢说话的贵族当权派说的。

"小过"卦之"过"是指摘、责备之义，近于批评。与"过"相反的为"遇"，礼遇；同于赞扬、表扬。他先说明批评的必要：家庭以祖为尊，祖母在父权制家庭里与一般妇女同样是卑微的。国家朝廷里，君尊臣卑。但祖和君有错，也应批评，祖母和臣有好处，则应赞扬。就是说，批评或表扬，并不关乎地位的高低。批评的方法和态度，有各种不同情况。有时错误不大或时候不适当，可以不进行批评，但是暂时不批评，应设法防止他错误下去，不能放任不理。纵任他错误发展，适足以害了他。对于没错误的，不能乱批评，而且要表扬。但又不是说现在没错误，以后也没错误，往后见到有犯错的危险，必须给予警诫。然而有一种人，对没错误的，不但不表扬，反而乱加指责。这种人不仅方法错误，好像张网要网空中飞鸟，而且简直是态度恶劣，专攻击人，随意入罪。这是派系之争，作风很坏，给国家造成很大的灾祸。作者提倡批评，讲批评的方法态度，是有感而发。其理论是高超的。

封建士大夫讲究修养，但不明《易》义。有的问题也不如《易》作者讲得好。

3. 科学思维

《易》有三对组卦，是用对立和对立转化观点来编排的。事类比较复杂，与别的卦用一类事为组织的不同，它有合于科学思维之点。这里举出两点：一是对立转化思想，二是具体问题具体处理。这两种观点，在别的卦也有，例如说贫富两种家庭贫家会变好，富家会变坏。关于祭祀，有时因为所用俘虏在捕捉时打伤了，临时就取消，不用作祭牲。因为古人祭祀极严肃，宁可不用，不能用伤损的。祭祀是古人的大事，也可按具体情况而改变。

对立转化：“泰”“否”是对立的组卦，“无平不陂，无往不复”，是对立转化的理论语。自然界，平地会变为斜陂。行旅，往是要回来的。在西周末，人们有这个对立转化观点，如《诗·十月之交》说“高岸为谷，深谷为陵”，与“无平不陂”同一观点，而且同样认为周室将要衰亡，对人提出警告。《易》这个说法，也是为政治说的。事实如，农业生产原是很好的，由于听了一些谎言，失了警惕，被敌人袭击，遭到损失。“否”说“先否后喜”，误沦为匪人，可以悔罪立功。“损”“益”是又一对立组卦，“损”卦说，三人同行，其中两人如发生冲突，第三者无论帮哪一边，总是顾此失彼；而一个人走路，则总想找个伴侣。“益”全卦从周室的兴盛说到衰亡。“既济”“未济”是第三对组卦，其中写殷周联军伐鬼方，其时殷强大，周弱小，又说到周灭了殷，是殷由强大而变为灭亡，周则由弱小变为强大了。

具体情况，具体处理，“损”卦有三句理论语：有时要酌量减少；有时不能减而要增益；有时既不能损，也不能益。

《易》作者重视思考，颇善于总结艰难，分析问题，有些话是有科学思维意义的，是朴素的辩证法思想。这两种科学思维，旧注是不了解的。

4. 科学知识

我国科学发展最早的为天文，为医学，《易》作者自会从其他王官听到有关天文、医学的知识，故采以入《易》；但他不是讲科学，而是取其科学精神，并分析事物。这是他的擅长之处。“震”卦讲雷电，是天文知识。“艮”卦讲卫生，是医学知识。二卦相连，作者有意这样编排的。“艮”讲卫生，先说要有整体观，然后分说身体各部，讲生理又说要注意心理思想，很得医学精义。“震”讲雷电的自然现象，尤着重分析人们对雷电的不同看法。自然现象，有在空中横来闪去的雷电，有从天上坠到地上的雷电，描写形象，即天电通到地里去，仿佛掉下来一样。这是最危险的，如刚巧碰上人、畜、树、屋，一切被烧毁。

“震”卦的组织，在《易》卦中相当特别。爻辞分别描写这四种人：一、不理会雷声的是商人，因为他的注意力完全集中在他的货物，只怕货物受损失，丢了钱，不怕雷电危险，甚至在大雷大雨中冒着艰险，爬山越岭往市场跑。二、先怕后不怕的，起先他迷信，后来在实践中小心对待和观察，慢慢提高觉悟，认识到雷电的自然现象，并不是有什么雷公打人，所以不怕了。三、闻雷而镇定者是天文学家，他有科学知识，了解雷电的自然现象、自然规律，但也明白碰上雷电是危险的，所以他头脑清醒而行动则很小心谨慎，不会像商人那样冒险的。四、闻雷害怕的是俗人的迷信。有一个人的邻居（亲戚）被雷打死，那个人说这个亲戚是有罪的。

“震”总结出四种人对雷电的不同看法：第一种听到雷声就害怕；第二种对雷声毫不理会；第三种听到很响的雷声，但他很镇定；第四种起先害怕，后来不怕了。作者对这四种人的分析，反对第一、二种，赞成第三、四种。对商人讥讽是财迷，顾财不顾命。科学家最好，而人们的认识可以从实践中提高。

七、简单结语

以上简单地介绍《周易》一书，约略见到它的内容。这个介绍，目的只在说明《周易》并不是什么神秘不可理解的“谜”书，它实在是我国古代社会史、哲学史的宝贵史料。我们只要用历史唯物主义观点和方法，并找到它的组织体例，用这两个标准进行研究，就可以揭破不可解的谜，而且认识它的价值。关键在于用什么观点方法去研究它。观点方法正确，就可以理解，就可以看到它的价值。观点方法不正确，如封建社会士大夫把它作为宣传封建伦理礼数的工具，那就永远不能理解。无论怎样去猜这个谜，说得怎样奥妙，只能是曲解误解，而不是它的真义，把它的宝贵价值完全抛掉了，把珍珠宝玉变成了破砖烂瓦。

当然，《周易》也有它落后的一面。占筮本身就是宗教巫术，还有“象占”迷信，那是神权时代的东西，应该剔除。《周易》作者还处于神权时代，他的职业又是占卜，自然就有这些宗教迷信。怎样批判剔除，也在乎我们要有正确的观点和方法。

周易简义[①]

《周易》一书，是我国成书最早的著作。前人说是文王作，周公续，不可信。今人说是周初编成，也不确。我认为是西周末年作品。前人《易》注很多，都以封建伦理为统治阶级说教，全无是处。今人认为是"谜"书，不可解，也不对。拙作《周易通义》，试图以马克思列宁主义历史唯物主义观点给《周易》作了新注。我以为，用历史唯物主义，而且只有用历史唯物主义观点来研究，《周易》是可以解释的。《周易》是奴隶社会的占筮书。凡卜筮，多有记录，将卜筮结果的事和吉凶记下来，如卜辞是殷人龟卜的记录。周人用蓍筮，也必有筮辞，《周易》是将旧筮、新筮的筮辞选编而成的，所以其中有不少社会史料。《周易》和卜辞不同之处，卜辞是个别的未

① 本篇原题《周易通义简编》。《周易通义》是李镜池晚年《周易》研究的扛鼎之作，有十四万字。此简编约为五万字，定稿于1968年10月1日。

经编集的原始材料。《周易》则是经过某一卜筮官编集而成为有组织的书。其中当然有作者的主观成分，有的还是作者立言，发挥其思想的，并非筮辞。但总的说来，大部分以新旧筮辞为基础，有史料价值；有的在文献所少见或不见的。作者立言，多总结历史经验之谈，可当哲学思想史料看。研究春秋以前的思想，应重视《周易》。可惜谈古代哲学史的对《周易》思想很少接触，不是不得其解，便是穿凿附会。因此我作《周易通义》一书，给《周易》作新注，以供研究古代社会史和哲学史的参考。

《周易》的材料来源，以新旧筮辞为主，但作者在编排时，并非杂乱无章的，它的各卦卦爻辞有一定的组织体系。每个卦尽可能谈一类事，有一定范围，如关于农业生产、军事战争、婚姻、家庭、行旅商旅、政治、行为修养等。若事类不一，范围较杂，则取形式联系。总之要使每一个卦或两个卦对立成为有系统的组织。研究《周易》应注意这一点。否则，只是寻章摘句，零碎解释，便难得作者用意所在，所解便不准确。《周易》词句简洁，用词喜欢假借，文字看似浅易，实际很不好解。如能明其组织体系，许多难明的话可以迎刃而解。例如“小畜”“大畜”，从无解者。因为畜是一个简体字，应为蓄。蓄，兹（滋）田也；田里滋生草木（谷物）。两卦均讲农业之事，故以𦿝标题，从内容标出。又如“贲”卦，讲一件对偶婚姻亲近的过程，以“贲”一词三义作形式联系（贲训饰，又借为奔，为豮）。这是不容易明白的。对偶婚的史料更宝贵，但也更古远难明。所以研究《周易》，一定要根据历史唯物主义的理论，又要懂得它的组织体系。

研《易》多年，实际上用力极少。早年衣食奔走，抗战八年，到处流荡。新中国成立后忙于教学，到1960年，因病不能上课，改做培养青年教师和科研工作，才开始以马列主义理论治《易》。1962年4月中，草《通义》稿，6月初匆匆草成，病又加剧。年底再草《通论》等稿。《周易通义》除注解外，还附有四篇文章：1.《周易通论》，谈关于《周易》的名义、著作年代、组织体系、内容、文字训诂、经传等问题。2.《周易释例》，谈卦爻辞的体例。3.《周易校释》，关于异文的校订。4.《周易韵读》，列举协韵的卦爻辞。老病交困，原稿字多，想多抄几份，竟难如愿。原稿一份，易于散失。“简编”之作，因原稿较繁，不便省略（共三十多万字）[①]，因撮其精华，另作概释——原稿解释是按卦爻辞先后为次的，此编则按

① 整理者按：此处所说“原稿”，指《周易通义》、《周易通论》和《周易释例》三部著作，均收录《李镜池周易著作全集》（北京：中华书局，2019年3月版）。

每卦的内容概举大意，不依原文次序，辞取简约。这个简编，虽未必能够出版，字少究易存放。昔白居易晚年把所作抄录五份分藏各处，我是寒士，没能像他那样做。《通论》和《释例》两篇较重要，故这个“简编”也做了节取。《易》文古简，深怕以简释简，未能明了。理论水平低，错谬必多，这不过仅仅是破“谜”的尝试而已。

乾　第一

䷀（乾下乾上）

乾。元亨。利贞。

初九，潜龙。勿用。

九二，见龙在田。利见大人。

九三，君子终日乾乾，夕惕若。厉，无咎。

九四，或跃在渊。无咎。

九五，飞龙在天。利见大人。

上九，亢龙。有悔。

用九，见群龙无首。吉。

《周易》是占筮书，共六十四卦，由☰☷☵☲☳☴☶☱八卦配叠而成。“乾”卦即叠两个☰，“坤”卦叠两个☷。八卦自叠和两卦相配成为六十四卦。每个卦分为两部分，卦画是为占筮时揲蓍数策用，卦、爻辞是作者从旧有筮辞编选或自制而成。卦画同于龟卜钻灼的裂纹，卦爻辞同于龟卜的卜辞，即卜后所得的结果的记录。不同的是，卜辞是一次龟卜的结果，卦爻辞则是作者选取旧筮辞而加以编排组织或者自制，每卦成为有系统有组织的一组辞。作者运用各种方法方式来组织编排，或者围绕一个范围把一类事情组织起来，或者就不同的事物用形式联系的方式把它连贯起来。每个卦在开首给它一个标题，这个标题如果和内容相应的，等于一篇文章题目；和内容不相应的，等于古书篇章截取头一二字为题一样，不过是作者自己命题而不是后人截取。间有少数几个卦没有标出标题，是为了省文。每个卦常用卦中多见词为标题，虽不单独标出，也等于标出了，如“同人”“履”“艮”等是。

“乾”卦是从内容标题的。乾借为斡，斡为北斗星。古人以为北斗是天的枢纽，天是随着北斗转的，故以斡代表天。《楚辞·天问》：“斡维焉系。”斡维即天维。[①]“乾”卦说天，故以斡标题。但这个天是天帝的天，有意志的天，而不是形体的天。卦中表现的思想是天人感应观，是“天垂象，见吉凶”的思想。初、二、五、上爻和用九的龙是龙星，这是天文占。《汉书·艺文志·数术略》载六种“数术”，从天文、五行到杂占等五种是“天启”的“象”示“征”候，我用“象占”一词概括它。第六种“蓍龟”，蓍即《易》筮，龟是龟卜，是人用来占卜的工具。

---

① 乾即斡。闻一多有详细说明，见《周易义证类纂》。以下引闻一多说，都出此书，不具说。

五种龙星出现，人们认为是天对他们的启示，故有占。“潜龙”，龙星潜于渊。《说文》：“龙，春分而登天，秋分而潜渊。”潜龙是秋分的龙，“飞龙在天”是春分的龙。“田”是天田，龙的边角一星。“利见大人”，龙星出现，利于大人。“亢”是亢星，苍龙有七宿，都是一等星，其第一、第二个叫角、亢。传说龙会飞的，故说“飞龙”。又龙总是蜷曲的，龙的群星蜷起来，见尾不见首，故说“见群龙无首”。五条爻辞说的是天文星占，故归“乾”卦。

为什么《易》有星占呢？古人迷信，往往用几种数术参合占验以定吉凶。《书·太誓》：“朕梦协朕卜，袭于休祥，戎商必克。”是参用梦占和龟卜。《左传》载《易筮》龟卜和梦占参验的不少。又古人卜、筮也是用三人同占共卜的。因为一种或一个占卜很难定出个吉凶来，故参合几种或几个人占卜。初、上爻和用九爻辞上半是星占，下半贞兆是蓍筮。二、五爻无筮占。星占、蓍筮合参，故《易》并载星占辞。星占外，还有五行占、梦占等。

贞兆辞：卦辞的“元亨，利贞”和“用九”的“吉”是筮得的吉兆，初、上爻的“勿用”“有悔”，是筮得的凶兆。“勿用”意为不利。“有悔”意为倒霉。“元亨”犹言大吉。“利贞”，利于贞卜。这是两个贞兆辞，占卜的专门术语。前人把它读作“元、亨、利、贞”，一字一读，说为“四德”，是错误的。把“贞”字全解为正，也是错的。《说文》：“贞，卜问也。”解得很对。

古人有天人感应的迷信思想，认为天和人有密切关系，人的行为会反映到天地鬼神去。行为好，天给以吉的兆示，行为坏，天给以凶的警告。警告而仍不改，就降灾祸来惩罚人。三、四爻是就人的行为说的。蓍筮是周王朝贵族所掌握的，《易》的著作也是站在贵族立场，为贵族而设的。天子、王、公、大人、君子、武人等都是统治阶级，小人、刑人、童、仆、臣、妾等是被统治阶级。“君子终日乾乾，夕惕若”，是说贵族内部矛盾斗争很激烈，有的贵族处境很困难，整日整夜在敬慎戒惧中，生怕发生祸患。“乾乾”借为虔虔，敬慎也。“厉，无咎”，原是两个贞兆辞，厉，危险；无咎，没事。这里借用为事物的说明：危险是危险，但由于敬慎戒惧，由危险而变为无事。“或跃在渊”，斗争更激烈了。有的贵族被迫以致投河自杀。“或”也指贵族，《易》说“或”，都是指贵族说的。不说君子，是有所讳饰。君子而投渊自杀，很不光彩，故不明说，讳言为“或”。“无咎”，这也非贞兆，是借来说明这个跳河自杀者是被迫的，他本来是无罪的。正如历代同情于屈原自沉于汨罗一样。屈原是忠贞为国的，他是被谗臣迫害死的。《易》有些地方借用“凶”“无咎”等贞兆辞说明事理（当然后代用《易》筮可当贞兆看）——三、四爻爻辞反映出作者处于西周末年政治黑暗、贵族内讧的时期。用“天人感应观”来看，作者之意认为，这种黑暗政治反映到天道上，就将用凶的启示来警告人。“潜龙”“亢龙”就是这样的“垂象”。

综“乾”卦之意，是用“斡”标题表现“天人感应”思想。用星占来说明，用贵族内讧事指出，国家出现危机，天必将用“垂象”给人以警告。作者用意在抨击那些贵族的黑暗政治，并希望挽救周王朝的危亡。中间两爻反映出贵族的激烈内讧，这是西周末年的政治情况，颇具有史料价值。

坤　第二

䷁（坤下坤上）

坤。元亨。利牝马之贞。君子有攸往，先迷，后得主。利西南得朋，东北丧朋。安贞吉。

初六，履霜，坚冰至。

六二，直、方、大，不习，无不利。

六三，含章，可贞。或从王事，无成，有终。

六四，括囊，无咎无誉。

六五，黄裳。元吉。

上六，龙战于野，其血玄黄。

用六，利永贞。

“坤”也是从内容标题的卦。坤为地，《古钵》作𡊨，从立，申声。取人立地上之义。汉代有两体，汉隶作巛，《说文》作坤。巛是川字，当是以川为地，正如以乾（斡）为天一样。

“坤”卦说的是有关大地的事。卦辞共贞四事，分两类：“牝马”是农业生产，要繁殖马群。“安贞”犹居贞。人类从狩猎、牲畜转到过农业生活时，要求定居，过安居生活，故“安贞”也是占农业事。中间两占是关于行旅、商旅。行旅和商旅往往不分，远行是为了做买卖，一码事。“先迷，后得主”，迷是迷失道路或找不到地方住，得主是有人招待。《易》常说“主”，因为出门如没有歇宿的地方，没主人招待，是苦事也是危险的事。“需”卦占行旅；“需于血，出自穴”，即主人不招待，客人被赶逐，挨打。“需”五、上爻就“得主”了。“得朋”“丧朋”，明记商旅。朋，一串贝。最早的货币用贝壳，得朋，赚钱；丧朋，亏本或被抢。周人西南方多友邦，如与武王联军伐纣的庸、蜀等八国，在周西南（《书·牧誓》），而东北则有强敌鬼方，故“利西南得朋，东北丧朋”。

六爻所说的范围较广。“履霜，坚冰至”，当也是商旅事。此记历时长，行程远。按月令，季秋霜始降，季冬冰坚。是由季秋走到季冬，走了三四个月才到达目的地，是远客异国了。中途经历了不少艰苦。没贞兆辞，由记事可以推断。

四爻的“括囊”，把农产品用袋子装起来，是农业收割事。“无咎无誉”，是说收成不好也不坏。五爻的“黄裳”，是说衣着。从农产品进一步讲到生活用品——不但懂得织布缝衣，而且讲究美观了。

由于行旅、商旅和其他经验，人们对于大地有了粗浅的认识，用三个字概括就是“直、方、大”。直是平直，虽有山川河谷，从广大看，尤其是华北平原，认为大地是平直的。方是四方。天圆地方，人们一直是这样看的。大是广大，一望无际。由于这样认识，所以又说“不习，无不利”，对于不熟悉的地方只要认清方向，一直走去也不会迷失。不习，不熟。

对大地另一个认识是“含章”，即山河壮丽、物产丰富之意。章是文采，充满了文采。

因为物产丰富，有的野心家发动战争，以抢掠为职业。

“或从王事”，王事即战争。可是抢掠不是件好事而是坏事。“无成，有终”，抢掠没好结果，应该终止。作者是主张“不利为寇，利御寇”的。这是由大地讲到人事，大地上人和人的关系就有战争、抢掠、侵略这些坏事。

除物产丰富和人事纠纷外，古人迷信，认为大地上冥冥中有鬼神活动，故末了说到“龙战于野，其血玄黄”。这是“象占”，是五行占的蛇孽之占。龙战即蛇斗。玄黄借为泫潢。蛇斗得厉害，流了一地血。《左传》载郑国有两次蛇斗（昭公十九年、庄公十四年），认为蛇斗跟郑国政治有关。跟星占一样，这当也是反映西周末年的黑暗政治。天人感应，贵族内讧，蛇也斗了起来。斗得多么激烈啊，流血满地。还有贵族跃渊自尽。

贞兆辞有“元吉”，同于元亨，大吉。“可贞”，同于利贞。“利永贞”，最好。永，长久也。利永贞，没有人、事、时、地等条件限制。

“乾”有“用九”，“坤”有“用六”，这是“乾”“坤”两卦特有的，属于占筮数策事。“乾”全阳，“坤”全阴，九、六即阳爻、阴爻。《左传》筮占时还无九、六之名，《左传》说“乾之（变）坤”，即“乾”卦六爻全变，成为“坤”卦，也即“用九”。“用六”即六爻全变，称为“坤之乾”了。

综“坤”卦所说，是关于大地的卦。它着重于大地的生产、人的物质生活，主要讲农业和商旅，又讲人们对于大地的认识。虽则很粗浅，总算有一定的认识。地大物博是主要的看法，又注意到人与人的关系问题。上爻说蛇斗，是迷信思想，但已没有“乾”卦那样浓厚了。还要看到，作者的天人感应思想是有他的时代政治的关系。剥去迷信外衣，应该说他是针对黑暗政治而发的。

屯　第三

䷂（震下坎上）

屯。元亨。利贞。勿用有攸往。利建侯。

初九，磐桓。利居贞。利建侯。

六二，屯如邅如，乘马班如。匪寇，婚媾。女子贞不字，十年乃字。

六三，即鹿无虞，惟入于林中？君子几，不如舍。往，吝。

六四，乘马班如，求婚媾。往，吉。无不利。

九五，屯其膏。小贞吉，大贞凶。

上六，乘马班如，泣血涟如。

屯像种子初生之形。向上冒向下伸，是要经历困难的，故屯义为难。“屯”卦内容较复杂，作者以屯难一义贯连全卦。

“勿用有攸往”“磐桓”，是行往之难。“往，吝”，难；“往吉”，则不难。《易》颇多对立的说法。“利建侯”不难，“利居贞”也不难。建侯，分封国邑。居对往说，往外难，安居则不难。磐（盘）桓，徘徊，徘徊不前。

“匪寇，婚媾”“求婚媾”两条，是氏族社会的族外婚、对偶婚。对偶婚有一定困难，但还不大难。“屯如邅如”即屯邅，艰难也。在对偶婚同时有劫夺婚，“泣血涟如”即劫夺婚，发生斗争流血事件，这就难了。“匪寇”之寇，即指劫夺婚。对偶婚和劫夺婚不同，故说“匪寇，婚媾”。对偶婚是很多人同行的，浩浩荡荡，容易引起人误会，以为是寇掠劫夺，故有说明“匪寇”的必要（对偶婚参阅“贲”卦和“睽上九”爻辞）。班通旋，班如谓乘马回旋地走。“泣血”也作“泣涕”（见汉《陈球后碑》引。《诗·氓》有“泣涕涟如”语）。泣涕是真，泣血，夸张其悲痛。涟如，形容涕泪不断地下。涟通澜，澜如犹言泪如泉涌。

“即鹿无虞”和“屯其膏”两爻，说狩猎之难。恩格斯《家庭、私有制和国家的起源》说："靠打猎所得的东西来维持生活是极其靠不住的。"君子贵族打猎，到了山麓（鹿借为麓，山下）。因为没有熟悉山林的老猎户，于是考虑要不要进入林中去。他是机智的，觉得与其进去冒险，不如不去（"往，吝"，另一占。但也可连上文，说进去有困难）。因为打猎有困难，积累经验，把禽兽肥肉囤留下来不吃，以便猎不到时有得吃，故说"屯其膏"。屯借为囤，积聚也。"小贞吉，大贞凶"，犹言贞小事吉，贞大事凶。"小过"卦辞"可小事，不可大事"，和这里意思相同。可或不可，即利或不利。古代以祭祀和战争为大事，小事指行往、婚姻、打猎等说。

"女子贞不字，十年乃字"，这是占孕育之难。字，《说文》："乳也。"《广雅》："乳生也。""字"为妊娠生育。古代有妇女不生育则被离弃的陋俗。这里说孕育之难。"十年乃字"，还有希望。作者颇有破除陋俗的思想，如"渐九五"："妇三岁不孕，终莫之胜。吉。""终莫之胜"，言始终没人欺凌她。他认为是"吉"事。这里说"十年乃字"，十年是长时期的意思。用意是不要离弃，应长期等待。和"终莫之胜"意思相同。

"屯"卦内容复杂，用屯难一义为连贯。有行往之难，有婚姻之难，有孕育之难，有狩猎之难。这里反映的是比较古远的社会现象，如对偶婚、劫夺婚是氏族社会的婚姻，狩猎困难也是初民社会的生活。到了牲畜时期、农业时期，狩猎困难不困难就不那么重要了。关于妇女孕育问题，作者的思想是相当进步的。

蒙　第四

䷃（坎下艮上）

蒙。亨。匪我求童蒙，童蒙求我。初筮告，再三渎，渎则不告。利贞。

初六，发蒙，利用刑人，用说桎梏。以往，吝。

九二，包蒙。吉。纳妇。吉。子克家。

六三，勿用取女。见金夫，不有躬。无攸利。

六四，困蒙。吝。

六五，童蒙。吉。

上九，击蒙。不利为寇，利御寇。

“蒙”是农业之卦，但有二义：一为草木蒙茸，二为愚蒙。作者用二义连贯不同的内容。

先说愚蒙。作者在卦辞做了说明。童蒙，指蒙昧的童仆、奴隶。他们在贵族眼里是愚蠢的。贵族役使奴隶，并认为自己无求于奴隶而奴隶有求于他。这是以贵族立场说的话。另一个说明，是用筮占为例：筮占只能一次，筮得到吉凶就是神灵的回答，如果再三再四地筮占，就得罪神灵了。这也是愚蠢的。爻辞说的愚人蠢事，是劫夺婚。“勿用取女”，不利于劫夺妇女。是说如果强抢，碰上武装者，就会丢命。“金夫”是武夫，武装者。金训武。

次说蒙茸。蒙本义是草木丛生于山丘，蒙茸荫蔽。“蒙”卦主要说垦荒事。初爻“发蒙”，发，伐；包括割草、伐木。二、四爻“包蒙”“困蒙”，是把割了的草捆绑起来（困即捆）。五、上爻“童蒙”“击蒙”，当是砍树了（童借为撞，击也。和卦辞“童蒙”不同，《易》多同词异义例）。又，“利用刑人，用说（脱）桎梏”，砍伐草木，是驱使奴隶（刑人）去干的。奴隶平常是戴上枷锁的，怕他们逃跑。为了垦荒，临时解下了刑枷，让他们去干活。这是贯连全卦爻说的。但这样一说，刚好把卦辞“匪我求童蒙，童蒙求我”的话推翻了。实质上贵族靠奴隶吃饭。奴隶给贵族垦荒耕植，喂饱他们。

在开荒垦殖后，人们过安居乐业生活，于是“纳妇。吉。

子克家”，娶了媳妇，儿子把这个家建设得更好了。当然这说的是贵族家族。最后，作者把愚蒙和垦荒结合起来说。农业生产就要保护庄稼，抵抗抢掠，作者提出主张：“不利为寇，利御寇。”垦殖者要“御寇”，而那些为“寇”者则是蠢人。

“蒙”是讲农业第一个卦。它反映出奴隶社会驱使奴隶劳动生产和阶级压迫的现实。而“不利为寇，利御寇”的认识是非常宝贵的经验和正确思想。

需　第五

（乾下坎上）

需。有孚，光亨。贞吉。利涉大川。

初九，需于郊，利用恒。无咎。

九二，需于沙，小有言。终吉。

九三，需于泥，致寇至。

六四，需于血，出自穴。

九五，需于酒食，贞吉。

上六，入于穴，有不速之客三人来，敬之。终吉。

“需”卦是讲行旅的专卦。需借为濡，湿也。其实需是濡的本字。需和行旅无关，只用卦中多见词标题。这是形式联系法，标题和内容不相应。

卦辞“利涉大川”是行旅事。《易》常占涉大川。涉大川很危险，出门涉川必占。“有孚”，孚，俘虏本字。“光亨”同元亨。光，广也；元，大也。

六爻全说行旅。前三爻，旅途中所遇；后三爻，晚上投宿人家的各种情况。当然这不是说一人的事，是各种行旅遭遇。“需于郊”，郊野遇雨，无从躲避，只好淋着雨往前走，故说“利用恒”。“需于沙”，沙是沚的讹字，郑玄本作沚。沙或写作沙，与沚形近，故沚讹为沙。沚，洲沚，水中小渚，在洲沚为水所湿，即掉在水里。“言”借为愆，“小有言”，有小小损失（或犯了小错，不小心掉在水里）。“需于泥”，掉在泥潭里，已够倒霉，谁知还遭到强盗抢劫。

后三爻写投宿人家的遭遇，一个遭到不幸，两个碰到运气。“需于血，出自穴”，穴是窑洞或下室。屋主不欢迎，客人被打，满身血迹跑出来。“需于酒食”，酒食是联词偏义，饮也可说食。濡于酒，是喝醉了。“未济上九”：“有孚于（而）饮酒，无咎。濡其首，有孚失是。”需于酒食，意为“饮酒濡其首”，烂醉。这是主人好客以好酒好肉款待。上六是三位客人不期而来，主人一并款待（敬之）。

“需”是讲行旅的专卦之一。出门往外，既艰苦，又危险。《易》常占“往”，见于各卦的很不少。讲行旅、商旅的专卦有好几个，“需”之外还有“随”“复”“睽”“丰”“旅”等。行旅的情况复杂。“需”不过写了途中和投宿的一些遭遇，有艰险，有幸遇。“致寇至”“需于血”，两事最惊险。行旅之难，于此可见。

讼　第六

（坎下乾上）

讼。有孚，窒惕。中吉，终凶。利见大人。不利涉大川。

初六，不永所事，小有言。终吉。

九二，不克讼，归而逋其邑人三百户。无眚。

六三，食旧德。贞厉，终吉。或从王事，无成。

九四，不克讼，复即命渝。安贞吉。

九五，讼。元吉。

上九，或锡之鞶带，终朝三褫之。

“讼”是讲斗争的卦。讼有争讼、斗争两义，争讼也是斗争。卦的内容主要讲贵族阶级内部的矛盾斗争，其次讲两个阶级的斗争及生产斗争。

关于贵族内讧的有："不永所事，小有言。"贵族没把事情做好，有始无终，受了小呵斥。言应作咅。咅，《说文》："咅，语相诃岠也。"言，篆文作言。言、咅形近易讹。受了呵责，发生矛盾。"或从王事，无成"，"或"指贵族。王事，战争。打败仗比"不永所事"更严重了。受责罚一定更重。二、四爻的"不克讼"，是两个贵族的争讼。有胜的有败的，败讼的回去，马上来了责罚："复即命渝。"命，王命；渝，变也。当是改变他的采邑（渝也可通输。输，败讼罚款）。五爻的"讼"，是说贵族经常争讼。"上九"的斗争更尖锐了。一个贵族赐给下级一条鞶带（贵族所系），可是另一贵族作对，一天之内三次赐予又三次夺了去（锡带，当指升官，带有级别，高卑不同。"三褫"是三次革职）。"终朝"，言时向短；"三褫"，言褫夺之多，意思是赐多少就夺多少。可见斗争的激烈。这是派系的争权夺利。

阶级斗争：卦辞"有孚，窒惕"，窒借为恎。恎惕，戒惧警惕，因为俘虏是不甘心顺服的，会乘机逃跑或捣乱。"九二"："不克讼，归而逋其邑人三百户。"邑人乘邑主败讼，集体逃亡了。跑了三百户。

生产斗争："食旧德（得）。"猎不到禽兽，吃剩的。

"讼"卦反映出贵族内讧和阶级斗争，是宝贵的社会史料。这是西周末年政治黑暗的现象。作者虽是贵族，但面对现实，目击危机，不能不表示他的愤慨。他是抨击贵族内讧的，他记邑人逃亡，并非同情邑人，而是给贵族以警告。在"无妄六三"说："无妄之灾：或系之牛，行人之得，邑人之灾。"就是指责贵族的妄行。贵族妄行，导致邑人的反抗、逃亡。在"井"卦则写了邑人反抗的故事。

师　第七

䷆（坎下坤上）

师。贞丈人吉，无咎。

初六，师出以律，否臧，凶。

九二，在师中。吉，无咎。王三锡命。

六三，师或舆尸。凶。

六四，师左次。无咎。

六五，田有禽。利执言。无咎。长子帅师，弟子舆尸。贞凶。

上六，大君有命，开国承家。小人勿用。

“师”讲出师行军类卦之一。以多见词标题，标题和内容相应。全军有统帅，“丈人”；有指挥官，“长子”“弟子”。长子、弟子是正副之分，这都是贵族。士兵是“小人”，包括农民、奴隶。“初六”首先指出行军要有纪律，纪律不好就会失败。这是宝贵经验。行军时要占卜，“在师中。吉，无咎”。行军要选择地形，“师左次”，靠左驻军。“左”犹言有利地形。古人尚左。战争时失败的，“舆尸”，运送伤亡尸体。战时君王会常下命令；战胜则大君赏赐有功者，封以采邑。贵族的采邑，大的叫国，小的叫家。“小人勿用”，士兵卖命，却无赏赐。田猎为练武，故田猎附于行师。“利执言”，“言”同于讯，行军有获为执讯，田猎有获也叫执讯。

比　第八

（坤下坎上）

比。吉，原筮，元永贞，无咎。不宁方来，后夫凶。

初六，有孚比之，无咎。有孚盈缶，终来有它。吉。

六二，比之自内，贞吉。

六三，比之匪人。

六四，外比之。贞吉。

九五，显比，王用三驱，失前禽。邑人不诫，吉。

上六，比之无首，凶。

“比”卦讲国家对内对外的政策。比为比并，“原筮”，原，并也。以三人一起占卜，说明比并之义。卦辞讲对外政策。国际要联盟，但有“不宁方”不愿亲比（不宁，不廷、不亲顺。方，邦国），拖拖拉拉来得迟。这是失败的政策（凶）。

爻辞讲对内政策。比有亲比（团结）、阿私两种，“初六”讲对俘虏的亲比，奴隶主以酒食（盈缶）待俘虏，要他顺服。顺服了，纵使有事故也无问题。国内贵族有内外亲疏之分，“比之自内”是王族亲比，“外比之”是和他族亲比。“显比”也是外比，但指宫廷外的侍卫队说。王和侍卫队打猎，三面驱兽，留下前面不围，让兽跑。王和众人打猎，但邑人见了也不惊骇（诫借为駴），即邑人也亲比。但“比之（于）匪人”“比之无首”，出于阿私的比附，就自取败亡。这是作者对国内外政策的幻想。但他有意为当时的政治设想，要统治者不要阿比匪人。这是贤人政治思想。

小畜　第九

（乾下巽上）

小畜。亨。密云不雨，自我西郊。

初九，复自道，何其咎。吉。

九二，牵复。吉。

九三，舆说辐，夫妻反目。

六四，有孚，血去，惕出。无咎。

九五，有孚挛如，富以其邻。

上九，既雨既处，尚德载。妇贞厉。月几望，君子征。凶。

“小畜”是农业专卦之一。畜字无人能解，前人解为积蓄、畜养、畜止，都错。《说文》畜下有重文“蓄”，畜是蓄的简体字，本义是兹（滋）田，即田里滋生谷物。畜蓄是农业生产。“小畜”“大畜”是讲农业的专卦。“密云不雨，自我西郊”，说天旱。“既雨既处，尚德（得）载（栽）”，说雨后栽种。初二、三爻是劳动完或收割后从地里归来，由于车不结实，掉了个轮子，夫妻吵起来。四、五爻讲把抢掠的敌人打退，保卫庄稼。捉到俘虏，但忧患（血借为恤）虽去，还要警惕出入。为了自卫，和邻人联防，又一次捉到俘虏捆起来，和邻人共同享福（富借为福，以同与）。

“妇贞厉。月几望，君子征。凶”，是另外两占辞，附记，和农业无关。妇人占，不好；君子占征往，更不好。

履　第十

（兑下乾上）

履虎尾，不咥人。亨。

初九，素履，往，无咎。

九三，履道坦坦。幽人贞吉。

六三，眇能视，跛能履。履虎尾，咥人。凶。武人为于大君。

九四，履虎尾，愬愬。终吉。

九五，夬履。贞厉。

上九，视履，考祥其旋。元吉。

“履”，讲行为修养之卦。履，践履，引申为行为。“履”讲行为修养，又讲梦占。原始人以为梦是灵魂离开自己身体的活动，人应该对梦中的行为负责。[①]梦等于自己的行动。但这里说的梦占只是一种梦境，看不出它跟行为的关系。

先说梦占：卦辞和三、四爻的“履虎尾”是梦，有时梦到被咬，有时不咬，有时惊惧。筮占“亨”“凶”“终吉”，和梦境相符。“眇能视，跛能履”，也是梦。“武人为于大君”，可能是梦，但事实上武人掌握武装是会为大君的。也就是说，梦占和筮占参验相符。而梦境有时变为事实。

次说践履：思想行为有各种不同，一种是“素履”，思想行为纯洁，这种人“往，无咎”，到何处都无问题。这可能是占往，和上文不连。第二种人是“履道坦坦”，胸怀宽广平舒，乐观。这种人虽被冤枉关进牢里，还是处之泰然，不以为忧。“幽人贞吉”，幽，囚也。例如文王囚于羑里，就是这种人。第三种人是“夬履”。夬，快的本字，有快速、快乐两义。这里指快速说。从夬之字，趹、赽、决等都是快速义。“夬履”是说这种人行为急躁，一口想吞下一头牛，想把事情一个早上干完。欲速则不达，急躁者会把事情干坏，故“贞厉”。厉，危险。第四种人是“视履，考祥（详）

① 恩格斯《费尔巴哈与德国古典哲学的终结》（《马克思恩格斯文选》两卷本，第二卷，第336页）。

其（而）旋”，郑重地注视自己的行为，考虑周详，反复考虑。这种人很好，“元吉”。考详而旋，跟急躁相反。

对于行为修养，作者提到四种人：行为纯洁是好的，胸怀宽广是好的，急躁冒进则不好。郑重行事，考虑周详的人，尤其好。能考虑周详，就不会急躁妄动，而且也会思想纯洁，胸怀宽广。

泰　第十一

䷊（乾下坤上）

泰。小往大来。吉。亨。

初九，拔茅茹，以其汇。征，吉。

九二，包荒，用冯河，不遐遗。朋亡，得尚于中行。

九三，无平不陂，无往不复。艰贞无咎。勿恤，其孚于食。有福。

六四，翩翩，不富以其邻；不戒以孚。

六五，帝乙归妹，以祉。元吉。

上六，城复于隍，勿用师。自邑告命，贞吝。

否 第十二

䷋（坤下乾上）

否之匪人。不利君子贞。大往小来。

初六，拔茅茹，以其汇。贞吉。亨。

六二，包承，小人吉，大人否亨。

六三，包羞。

九四，有命，无咎；畴离祉？

九五，休否！大人吉。其亡其亡，系于苞桑。

上九，倾否！先否，后喜。

“泰”“否”是对立而有对立转化的组卦，故合在一起谈。“履”卦不标题，从用多见词标题之例可见，不标“履”是省文。“否”卦也不标，从多见词和泰否对立，更可见不标“否”为题是省文。据作者说明，“小往大来”为泰，“大往小来”为否。就是损失小获得大，或舍小取大，为泰；损失大获得小，或舍大取小，为否。弃小利而取大义为泰，见小利而忘大义为否。又说，“否之（是）匪人”，匪人，坏类。邪门歪道为否。“无妄”说：“其匪正，有眚。”匪正即否。相反，正人正道为泰。作者在两卦往往从对立事理说，而且认为对立可以转化。“无平不陂，无往不复”即对立转化之理。作者用这观点来看事物，或者以事物来说明这个道理。而两卦初爻都引用一句民谚：“拔茅茹，以其汇。”这是采集经验。茅蒐、茹藘，是可作红色染料的植物，但其根深藏在地下，要有经验知其类（汇）的人才能找到，没经验、不知类的，就找不到。这就是泰否之别。又如渡河，没船就应知把挖空的匏瓜（包荒）绑在身上涉水，不至于沉坠下去（不遐遗），否则就会淹死。对敌人应警惕戒备，可是因为夸夸其谈的人（翩翩即谝谝，巧言者）骗了大家，结果跟邻人一同受灾。没戒备，就被敌人俘虏了。丢了钱是不幸的，可是半路却得到人的帮助。殷帝乙把女儿远嫁给周文王，难舍难离，但后来女儿却享了福。敌人的城墙倒了一片，倾覆到壕沟上。本想乘机攻进去，可是从邑中来了命令，叫不要打（因为敌人一定做了埋伏）。从对立两种人说，庖厨里有肉（包承借为庖胥），对小人是好的，因为他们没肉吃；但贵族吃肉吃得太多了，对他们反而无益（“包羞”同。羞，珍馐好肉）。所以一时没吃的也不要愁（勿恤），会得到吃的，会幸福的，因为事物是会转变的。所以“有命”是好的，但不知谁能享受这个福乐（畴训谁。离通罗，得也。祉，福）？作者列举了不少事例，说明事物有对立和对立会转变的道理。

但事物虽然是对立转变的，我们却不能坐待它转变，我们还要提高认识，认识什么是泰，什么是否；什么是正当，什么是邪门；谁是好人，谁是坏人。认识了就不要做坏人，走邪道（休否）。认识了就要打倒坏人，消灭邪道（倾否）。假如以前不认识，误走邪道做了坏人，就赶快悔悟过来，改邪归正，做个正人（先否，后喜）。

作者说明对立转变的道理，是针对当时政治说的，认为周王朝要变动了。他对那些坏人说：“休否！”“倾否！”不要再坏下去了！人们会打倒你们这些坏蛋的！

同人　第十三

（离下乾上）

同人于野。亨，利涉大川。利君子贞。

初九，同人于门。无咎。

六二，同人于宗。吝。

九三，伏戎于莽，升其高陵，三岁不兴。

九四，乘其墉，弗克攻。吉。

九五，先号咷而后笑，大师克相遇。

上九，同人于郊。无悔。

“同人”是讲战争行军的第二个专卦。同人，聚众。野，山野、田野。农民、奴隶聚居地。城邑外为郊，郊外为牧，牧外为野。同人于野，挑选农民、奴隶当兵。门，王城的门。宗，宗庙。同人于门，训练士卒。在出兵前先要宗庙请命于祖先。初、二爻叙出兵前的事，三、四、五爻讲几种战争情况：一种是伏击战，敌方藏在深林丛莽里，虽取得制高点，可是找不到敌人，打了几年也打不胜。一种是攻坚战，爬上了城墙，可也没打进去。一种是遭遇战，跟敌人碰上了，被敌人打败，号咷撤退，好在后援大军赶上，才反败为胜。故说“先号咷而后笑”。上爻，班师回来，到郊区献祭。

大有　第十四

（乾下离上）

大有。元亨。

初九，无交害，匪咎；艰则无咎。

九二，大车以载。有攸往，无咎。

九三，公用亨于天子。小人弗克。

九四，匪其彭。无咎。

六五，厥孚交如威如。吉。

上九，自天祐之。吉，无不利。

“大有”，讲农业的第三个专卦。“有”字像手拿着把铲子（耜）。古人叫丰收之年为“有”，为“有年”。大有是最好时年。农业丰收很不容易，作者总结经验，提出一个必要条件：“无交害。”不互相侵害。侵害之事，如水涝以邻为壑，天旱截人上流，或抢掠庄稼。如“无交害”，则“匪咎”，无事。“艰则无咎”，天旱也无事。艰从莫，古旱字。天旱是可怕的，古代天旱则曝晒巫尪求雨。“匪其彭”即指曝晒巫尪。“彭”，虞翻作尪，跛子、巫尪，祈雨的人。“匪”借为昲，曝晒。“大车以载”，丰收了，用大车子把谷物拉回去。奴隶社会土地所有权归贵族，丰收了，于是“公用亨（享）于天子”。天子是最大的地主，他大排筵席宴享群臣以庆丰收。可是“小人弗克”，辛苦的劳动者没份享受。

侵害农业生产和丰收的最主要的一种灾祸是敌人的抢掠。讲农业的几个专卦都提到这一点。“厥孚交如威如”，是把敌人击败，捉到俘虏，把俘虏捆得紧紧的（交借为绞）。但俘虏很倔强，怒气冲冲的（威如）。

古代农业生产是靠天吃饭的，虽则作者认为“无交害，匪咎；艰则（亦）无咎”，但天旱还是曝巫祈雨。丰收了，认为是天老爷赐的福。这反映了古代普遍的思想。

“大有”卦既反映出奴隶社会土地所有权全归贵族的阶级剥削（即使丰收，对农民也全无好处），又反映了古代祈雨的迷信。但作者总结经验，提出“无交害，匪咎；艰则无咎”的主张，这既反对抢掠粮食的侵略战争（不利为寇，利御寇），还有人定胜天的意味。这种思想是进步的。

谦　第十五

䷎（艮下坤上）

谦。亨。君子有终。

初六，谦谦，君子。用涉大川。吉。

六二，鸣谦。贞吉。

九三，劳谦。君子有终。吉。

六四，无不利。㧑谦。

六五，不富以其邻，利用侵伐。无不利。

上六，鸣谦，利用行师征邑国。

“谦”，讲何为谦德之卦，属行为修养范围。贞事只有“用涉大川”一句。“用”同于利。全卦讨论关于谦德的问题。

谦德，大家都认为是好的。“谦谦”，谦而又谦；“君子”，即贵族们都认为谦是君子所应具有的风度道德。“君子有终”，君子具有谦德就有好结果，有成就。对于这个意见，作者并没反对。不过作者认为这还不够，不能空谈谦德，谦德是有条件的，不是什么时候什么情况都要谦让，有时是不能谦让的。

什么是真正的谦德呢？作者提出三点：“鸣谦”“劳谦”“㧑谦”。鸣通明（例如“明夷于飞”，借明为鸣，明夷即鸣夷）。明，明智也。劳，劳苦，勤劳也。㧑即挥，奋发也（《说文》：“挥，奋也。”㧑，从为。为，干事。挥，指挥，奋勇向前）。这是说，谦要和明智、勤劳、奋发相结合。谦要以明智为指导，以勤奋为基础，以奋发为动力。为什么谦要和明智、勤劳、奋发相结合呢？因为只一味谦让而不明智，则不辨是非，随人俯仰，成为阿谀取容者；只一味谦让而不勤劳，则庸庸碌碌，随俗沉浮，成为无能懒汉；一味谦让而不奋发，则怯弱退缩，被人奴役，成为投降懦夫。这就不能“君子有终”了。如果说“有终”，那是佞人、懒汉、懦夫的“终”。

为什么这样说呢？作者举战争为例，五、上爻说战争。作者是主张“不利为寇”的，为什么又说“利用侵伐”，“利用行师征邑国”呢？表面上是“侵伐”“征邑国”，实际上说的是抵抗侵略的防御战。试看，“六五”：“不富以其邻”，这就是“泰六四”说的：“翩翩，不富以其邻；不戒以孚。”那是因为有夸夸其谈的人说，敌人不会来不敢来，麻痹了大家。结果敌人突然来了，没有戒备，有的人被俘了，连邻人也一同遭了灾殃（不富即不福）。很清楚这说的是有敌人侵犯。有敌人侵犯，所以“利用侵伐”并不是侵伐人而是防御战。“利用侵伐”的真义是利于打仗，要抵抗，打败侵略者。在这种情况下，难道要谦让吗？不，要打！要明辨是非，谁是正义的，要不怕艰苦；奋勇前进。同样，“上六”的“利用行师征邑国”，这个战争，应特别注意作者再加“鸣谦”二字，这就是经过明智考虑认为不能再谦让而后发动的战争。是“行师征邑国”而不是谦了，但这是明谦相结合的行动，是以明智为指导，辨别谁是正义谁不是正义才发动的战争。同时也要注意，这里虽只再说“鸣谦”，但他提出的是，“鸣谦”“劳谦”“撝谦”三结合，在再提“鸣谦”时，也就贯通到其他的两方面。作者以战争为例，提出谦德是有条件的，不是任何时候任何情况都要谦让的，在敌人侵略时就不能谦让，而要抵抗。要打，不要谦。

“谦”卦显出作者高度的思想水平。“鸣谦”“劳谦”“㧑谦”三结合，又有战争的事例作论证，很合辩证法的思想。在谈对立转化道理时，还带有循环理论性质，“泰”“否”二卦所举事例，有的是偶然性的，如“朋亡，得尚于中行”是。“帝乙归妹，以祉”也是个别的。在谈谦德时，则的确发挥他对事理辨析的周密性。有了长期的频繁的战争的历史经验，使他得出“不利为寇，利御寇”高度思想，又从战争辨析谦德的条件性，提出明谦、劳谦、㧑谦三结合的理论。这是他所谓“考详而旋”的表现。

豫　第十六

䷏（坤下震上）

豫。利建侯行师。

初六，鸣豫。凶。

六二，介于石，不终日。贞吉。

六三，盱豫，悔；迟，有悔。

九四，由豫，大有得。勿疑，朋盍簪。

六五，贞疾恒不死。

上六，冥豫，成有渝？无咎。

“豫”，是关于思考问题的卦。豫有相反的两义：一、犹疑不决。如《史记·李斯传》说：“狐疑犹豫，后必有悔。”本卦“六三”的“盱豫，悔”即是。二、深思熟虑，预计。如《礼记·学记》：“禁于未发之谓豫。”《荀子·大略》：“先患虑患之谓豫。”本卦“上六”：“冥豫，成有渝？”即思虑、考虑义。

本卦就两方面谈，前三爻说疑虑，后三爻说深思。“鸣豫”，鸣通明，白天。整天疑虑，故凶。“介于石”，介，夹也。这当是采石工作。事先没想到，出了事故，夹在石间出不来。幸而时间不太长，被人救了。“盱豫，悔；迟，有悔”，盱通迂。考虑问题，迂慢不决是不好的；迟疑久久不决更不好。“有悔”，悔而又悔。“由豫，大有得”，经过犹豫，考虑一下很快决定，因而“大有得”。“勿疑”，不疑。“朋盍簪”，不把所得的朋贝当货币用，而合到簪笄作为装饰。这是要经过考虑和判断的。因为做了装饰的朋贝就不能再当钱花。有判断力，不疑虑，不是前怕狼后怕虎，这样意志坚强的人有许多好处，比方“贞疾恒不死”，忧能伤人，如果患了病，不怕它，没思想负担，乐观，病是可以战胜的。

末了谈到怎样考虑问题。“冥豫，成有渝？”冥，黑夜。有，通或。渝，变也。这是说，到了晚上要检查一天的工作，看什么是完成了的？什么是没有按原定的计划做，走了样的？什么是成功了的？什么是失败了的？

“豫”卦主要谈思考问题。要深思熟虑，经过思考，要有决断力，不要迟疑不决，要有预计，又要有检查。作者在“履”卦主张要重视行为，要反复周详地考虑。这里谈考虑问题，归结到检查工作。闭门思过，也许有一定局限，在当时来说，注重思考，注重判断力，注重检查工作，是有一定意义的。

随　第十七

䷐（震下兑上）

随。元亨。利贞。无咎。

初九，官有渝，贞吉。出门交有功。

六二，系小子，失丈夫。

六三，系丈夫，失小子。随有求得。利居贞。

九四，随有获，贞凶。有孚在道，以明何咎。

九五，孚于嘉。吉。

上六，拘系之，乃从维之。王用亨于西山。

“随”卦主要讲商旅，兼说战俘。随，相随一同出门为商。“利居贞”是随（行旅）的反面。属于附载。

前四爻说相随出门的各种遭遇：初爻，在旅馆里发生变故。官，古馆字。渝，变，变故。如“旅九三”：“旅焚其次，丧其童仆”之类。“出门交有功”，彼此帮助是相随出门的好处。二、三爻说商人贩卖奴隶，同于“旅”卦说的得童仆，丧童仆。童仆，指奴隶。这里的丈夫、小子，也指奴隶。奴隶有大人小孩，旅馆发生变故，如失火之类，人们只顾逃命，奴隶乘机逃跑了；不过有的奴隶被绑住，没有全跑掉。“随有求得”，商人为得利而相随，但为了钱，有时发生利益冲突，所以最好大家订个合同——“有孚在道，以明何咎”，孚是获得，明借为盟。做生意的“孚”是获利，但一般说孚指俘虏，“孚于嘉”当是在嘉国捉到俘虏为奴隶或献祭。嘉当即“离上九”“有嘉折首”所指的嘉国。“拘系之，乃从维之。王用亨于西山”，维是维系俘虏的心。要他归顺为奴隶的，这一次却用来做人牲，祭西山了。“随”卦说奴隶的两种来源，一是贩卖，一是战争。

蛊　第十八

䷑（巽下艮上）

蛊。元亨。利涉大川。先甲三日，后甲三日。

初六，干父之蛊，有子考。无咎。厉，终吉。

九二，干母之蛊，不可贞。

九三，干父之蛊，小有悔，无大咎。

六四，裕父之蛊，往见吝。

六五，干父之蛊，用誉。

上九，不事王侯，高尚其事。

“蛊”，讲家庭的专卦之一。卦辞占涉大川乃旧筮辞，和家庭无关。先甲、后甲，占涉川之日。先甲三日是辛日，后甲三日是丁日，这两天利于涉川。涉大川很危险，故占。

六爻讲家庭事，这是父权家长制时代，妇女已失掉她的社会地位，沦为奴隶，看“干母之蛊，不可（利）贞”可知。蛊，事也。儿子不干母亲之事。而“干父之蛊”则认为是“有子考”。考通孝，儿子孝顺父亲，继承父业。继承父业有三种人：一种是“小有悔，无大咎”，不求有功，但求无过，是保守主义者。第二种是想“（光）裕父之蛊”的，可是又怕“往见吝”，往前迈进就发生困难（见吝），这是中庸主义者。第三种“用誉”，要把父业做得更加完善。这是前进主义者。末了“不事王侯，高尚其事”，当因政治黑暗，但也是为了专“干父之蛊”。

临　第十九

䷒（兑下坤上）

临。元亨。利贞。至于八月有凶。

初九，咸临，贞吉。

九二，咸临，吉，无不利。

六三，甘临，无攸利。既忧之，无咎。

六四，至临，无咎。

六五，知临，大君之宜。吉。

上六，敦临，吉，无咎。

“临”卦是关于治民之术的政治理论。作者总结经验，也针对当时政治而发。全卦除了卦辞外，没有贞事的记录。“至于八月有凶”可能是一件史实，或是旱占。华北地区，到了八月无雨，就成旱象，舞雩求雨。这是附载，和主题无关。

《易》文有几个特点：1. 常用通借字，借也不一律。2. 词同义异。同样的话，意义往往不一样。3. 借用贞兆辞说明事理。本卦初、二爻同说“咸临”，“咸”一借为諴，和也。《书·无逸》：“用咸和万民。”《召诰》：“其丕能諴于小民。”咸临谓以宽和政策来治民。咸又借为感，谓要使民感德、感化。如《论语·颜渊》说：“君子之德风，小人之德草。草上之风必偃。”即感民之治。上行下效，要感民，则在上者必须做表率。諴和治民，治民使民感化，这两种治民之术都是好的，故说“贞吉”“吉，无不利”。谓其结果很好。这两种政策的反面是用压制压迫的政策治民，其结果是不好的。“甘临，无攸利”，甘借为拑，为钳，钳制压迫之义。结果是“无攸利”。“既忧之，无咎”，既，若、如果。忧可作两解：忧，忧思，即关心人民疾苦。忧又可借为优，宽和也。《诗·长发》：“敷政优优。”《说文》：“忧，行之和也。”引《诗》作“布政忧忧”。忧忧借为优优，宽和之义。宽和与钳制相对，谓如果能以宽和政策治民，或如能关心人民疾苦，则“无咎”。

“至临，无咎”，至，到。谓躬亲政治。《诗·节南山》：“弗躬弗亲，庶民弗信”，“不自为政，辛劳百姓”。

所以治民要躬自亲临治理。亲临则“无咎”。“知临，大君之宜。吉”，知通智，古以知为智。谓治民要有聪明智慧。古代认为最理想的帝王叫作圣人，即耳聪目明者，帝尧是“聪明文思”（《书·尧典》）的。《中庸》：“唯天下至圣为能聪明睿知，足以有临也。”“大君之宜”，是说有聪明智慧治民，是理想的大君。作者认为智慧最重要，因为有智慧就会懂得其他治术。“敦临，吉，无咎”，敦是敦厚诚朴，敦诚可补智临流于虚伪的缺陷。在上者要敦厚，也使风俗敦厚。

在“临”卦里作者提出他的政治见解，这是他总结历史经验，针对当时统治阶级的虐政和周王朝陷于崩溃的危机而提出来的一套政治理论。他以德治为基础，但比前人说得更为详备。反对压制政策，是他的大胆言论，比较接近人民；“知临，大君之宜”，尤其是他政见的特色，这套政治理论为后代儒家所继承了。奇怪的是，后儒对于这些《易》文却不了解。

观　第二十

䷓（坤下巽上）

观。盥而不荐，有孚颙若。

初六，童观，小人无咎，君子吝。

六二，窥观，利女贞。

六三，观我生进退。

六四，观国之光，利用宾于王。

九五，观我生，君子无咎。

上九，观其生，君子无咎。

“观”卦谈在政治上用什么眼光观察，观察什么的问题。这也是作者的政见理论。

首先提出事务要按具体情况来处理。举祭祀为例：祭祀先灌酒降神然后荐牲。现在“盥（灌）而不荐（牲）”，是因为这个用作人牲的俘虏被打伤了，头青脸肿（颙若），不能用来献祭，所以不用。

用什么眼光观察？他指出两种眼光是不合适的：一种是愚昧无知的“童观”，古人认为童仆是无知的（这是时代和阶级的限制）。“童观”对小人可以，对君子贵族治国就不好。另一种是眼光短小的“窥观”，即一孔之见。“利女贞”，谓窥观对妇女好，对君子则不成。

要观察什么呢？对国内，要看本族的百官（我生）的意见而进退。对国外，要看哪一国的政治开明，就和它结盟。再进一步说，国内也有本族和他族（其生）之分，既要看本族的意见，也要看他族的意见，不能光看一面。这才是治国者应具的态度。

噬嗑　第二十一

（震下离上）

噬嗑。亨。利用狱。

初九，屦校灭趾。无咎。

六二，噬肤灭鼻。无咎。

六三，噬腊肉，遇毒。小吝，无咎。

九四，噬干胏，得金矢。利艰贞。吉。

六五，噬干肉，得黄金。贞厉，无咎。

上九，何校灭耳。凶。

“噬嗑”讲饮食和与饮食有关的事（刑狱）。为什么饮食和刑狱有关？因为家族奴隶在饮食上犯了小错误，即被奴隶主加以大刑或关进牢狱里去。例如“鼎九四”：“鼎折足，覆公𫗧，其形渥。凶。”𫗧，粥。形渥借为刑剭，大刑也。因为陶鼎偶然断足，撒了一点粥，就被公施加大刑。这是阶级压迫。

讲吃的：“噬肤灭鼻”，这当是贵族或狩猎时的人吃大块肉，连鼻子也看不见（灭）。三、四、五爻说禽兽有时猎不到，有时又吃不完。故把肉腊干（胏是有骨的肉）。但经验不够，铜镞藏在肉里（金矢、黄金即铜镞），有锈毒，故“遇毒”。“屦校灭趾”，“何（荷）校灭耳”，屦校，脚上拖着个枷（屦通娄，拖曳），枷掩盖了脚趾；肩膀上担了枷，把耳朵遮住。这都是奴隶被压迫受刑狱的事。

贲　第二十二

䷕（离下艮上）

贲。亨。小利有攸往。

初九，贲其趾，舍车而徒。

六二，贲其须。

九三，贲如濡如。永贞吉。

六四，贲如皤如，白马翰如。匪寇，婚媾。

六五，贲于丘园，束帛戋戋。吝，终吉。

上九，白贲。无咎。

“贲”卦讲一个氏族社会外婚对偶婚的故事。封辞“小利有攸往”，占行旅。是连带说的。六爻的贞兆辞也是另占，和上文的故事无关。作者编选旧辞，组成一个故事，而附载一些贞兆，两者没一定关系。在“屯”讲对偶婚时多明说“匪寇，婚媾”，这里也是；别处还是条别的，这里却是全卦讲一个故事，在《易》文中很特别。对偶婚还可以从现在东北鄂温克人见到，它的特别之处是，亲迎时举族同去。[①]六爻分启程前、途中、到了女家的过程来写。贲有修饰义，又借为奔，借为豮，以贲字为连贯。

初、二爻是亲迎启程前的准备：有的人在装饰他的脚，因为要走路，不坐车子（趾代表脚，不是光指脚指头）。有的在修饰他的胡子（须）。亲迎嘛，胡子拉碴的不好看。贲训装饰，是本义。从脚说到胡子，不过是简叙法，当然全身都打扮起来。说“舍车而徒”，可见有的走路，有的坐车。举族同去，想见这里包括了男女老少。青壮年走路，老人妇孺坐车。

三、四爻写路上的情况：“贲如濡如”，人们跑步前进，跑得一身大汗。贲借为奔，从卉声。濡，湿，指流汗。“贲如皤如，白马翰如。”人们跑步前，太阳像火一般烧炙。陪新郎的小伙子骑着高头大马，雄赳赳气昂昂往前飞奔。皤借为燔（郑玄本作燔，同焚）。翰即鶾，马昂头飞驰的样子。“匪寇，婚媾”，说明他们浩浩荡荡大队人马，不是抢掠，而是走

① 秋浦等著：《鄂温克人的原始社会形态》，第73页。

去亲迎的。

五、上爻写到了女家的丘园，送上丰盛的彩帛，还有一头大白肥猪。白贲借为白豶。豶，大猪。

关于对偶婚姻的史料，古书里不易见到。《周易》里有几条，而“贲”卦全文记它的故事，很宝贵。白贲（豶）是婚姻礼物，“睽上九”中“见豕负涂”的豕，说的也是以猪为礼。

剥　第二十三

䷖（坤下艮上）

剥。不利有攸往。

初六，剥床以足。蔑贞凶。

六二，剥床以辨。蔑贞凶。

六三，剥之。无咎。

六四，剥床以肤。凶。

六五，贯鱼。以宫人宠。无不利。

上九，硕果不食，君子得舆，小人剥庐。

“剥”卦主要讲阶级剥削。其中一半说梦占，但和阶级剥削有关。古无剥削之说，剥字也不解为剥削，只是这里说的实质上是剥削的事。剥字有数义：剥，击也，治也。剥床是击床，治床；剥又训取，贯鱼暗含取得之义；剥又训离，“剥庐”是离开庐舍之义。以剥标题，用形式联系。一词多义，以多见词为题。

先说梦占：“蔑贞”即梦占，梦蔑通用，如《穀梁传》：“夏曹公孙会自梦出奔宋。”（昭公二十年经）《释文》：“梦本或作蔑。”梦、蔑一声之转。初、二、四爻说的是梦。剥床之床是车厢，车子载人的部分。这是农民或自由人的手工艺人被征去给贵族制造车子，在击床之时不小心连足部、膝头（辨借为蹁）和腹部（肤通胪）被击伤了。工作时受伤，夜里也梦到这些事故。所以这是梦占，同时也是贵族剥削农民的事。说得更清楚的是：“硕果不食，君子得舆，小人剥庐”，得舆即上面说的剥床之事。农民为了君子造车子，要离开自己的庐舍去供徭役。君子是“得”了，农民则受了剥削。譬如农民辛辛苦苦种得硕大果子，自己却吃不到。“硕果不食”是比喻语，也是写实语。这又是一种剥削。“大有”卦说到农业丰收了。“公用亨于天子”，庆功大排筵席，可是“小人弗克”，丰收对农民没什么好处，吃的还是那陈旧的霉烂谷子。

“剥之。无咎”，语不很明。剥之，当是取之之义，就是贵族们认为取之于民是当然的事，故说“无咎”。征调农民供徭役造车子，也视为是当然的事了。“贯鱼。以宫人宠”，当是取鱼以献祭祀的事。贯，中也。射鱼贯中之。古代祭祀则射鱼，《淮南子·时则训》：“天子亲往射鱼，先荐寝庙。”《礼记·射义》：“天子将祭，必先习射于泽，而后射于射宫。射中者得与于祭，不中者不得与于祭。”鱼不易射中，射中了是光荣的事，何况这是为祭祀。“以宫人宠”，言宫人射中了，得到参加祭祀的光宠。剥有取义，这是以剥取义来作联系，同时和农民做了对比。农民被剥削受伤，认为当然；宫人射鱼偶中，却认为光荣，因为宫人是统治阶级的人。

“剥”的内容较复杂，以剥的一词多义作形式联系。其中反映了阶级剥削的现象和阶级思想。

复　第二十四

䷗（震下坤上）

复。亨。出入无疾。朋来无咎。反复其道，七日来复。利有攸往。

初九，不远复，无祇悔。元吉。

六二，休复，吉。

六三，频复，厉，无咎。

六四，中行独复。

六五，敦复，无悔。

上六，迷复，凶，有灾眚。用行师终有大败，以其国君，凶。至于十年不克征。

“复”是讲行旅的专卦之一。复，往复之复。卦爻辞说出门怎样归来的情况。写各种情况，是一种总结式的综述，而不是筮占的记录。出门是艰苦而危险的事，古人每出必占，这是从占旅行的旧筮辞做的总结。

卦辞写出门时要关心的各方面，也就是行人要占问的问题。一是问会不会得病？得到“无疾”的回答，就放心了。二是问去做买卖能否赚钱？能，赚钱没问题。“朋来”，即得朋。三是问来回要多少时间？七日可以来回。四是问此行好不好？好。这就是行人常问的几点。

六爻写出门后怎样归来的各种情况：一是走了不远就回来，这就没有多大问题。“无祗悔”，祗，大也。而且是大吉。二是高高兴兴地回来。休，喜也。三是愁眉苦脸地回来。频即颦，忧戚也。四是跟人出门，半路自己回来。中行，半道，中途。五是匆匆忙忙地回来。敦，促迫也。六是迷失了道路回来的。这很不好，有灾祸。行旅迷失道路已够糟了，如果行军而迷失道路，那就必然大败的，连君王也一起遭殃；失败之惨，甚至十年也恢复不过元气来。可说是一败涂地。这是由行旅的“迷复”而联想到行军迷失道路的失败。这是有历史的经验教训的，是联想附说，也是经验总结，不是筮占辞。全卦说的是行旅情况，是占行旅的综述，跟筮占记录不同。《周易》卦爻辞多数是贞事辞，但有些是筮占记录的综述而不是个别的贞事，有说明语，有比喻语，有引用语，有理论语——理论又分个别理论和全卦理论，又有故事。本卦是综述，而上爻又做了联想推论。这些已见上列各卦。

无妄　第二十五

䷘（震下乾上）

无妄。元亨，利贞。其匪正，有眚。不利有攸往。

初九，无妄往。吉。

六二，不耕，获；不菑，畬。则利有攸往。

六三，无妄之灾：或系之牛，行人之得，邑人之灾。

九四，可贞。无咎。

九五，无妄之疾，勿药有喜。

上九，无妄行，有眚。无攸利。

“无妄”卦诫人不要妄动乱行、胡思乱想，是谈行为修养之卦。无妄二字在此有两义：一、“无妄往”“无妄行”，即不要乱动胡来之义。无，毋、勿。妄即卦辞的“匪正”。“其匪正，有眚”，如行为思想不正当，就有灾殃（其，如若也）。是说明所以要“无妄”之故。这句是解题意，非筮辞。二、“无妄之灾”“无妄之疾”，无妄犹无端，出于意想之外，料不到的事。旧解妄为望，望是想望。用多义词标题，但中心思想是诫人不要为非作歹、胡思乱想。贞事只有“不利有攸往”一句。

诫人不要胡行乱动的有：“无妄往。吉。”“无妄行，有眚。无攸利。”往和行同义，不要为非作歹。两句有简省语，应说“无妄往。如不妄往则吉”“无妄行。如妄行则有眚，无攸利”。古人文字有这种“省句”法。如《管子·立政九败解》：“人君唯毋听寝兵；则群臣宾客莫敢言兵。”在“毋听寝兵”下应有“听寝兵”语，意才完足，但它省去了。[①]“无妄行”是告诫语，“六三”举了一件妄行的事证明妄行的错误：“无妄之灾：或系之牛，行人之得，邑人之灾。”行人指商人，这里采邑主残害无辜的邑人。他丢了牛，诬陷邑人。作

① 杨树达《古书疑义举例续补》省句例。

者没有为贵族掩饰，反引来作为妄行之证。当然他不说君子而说“或”，是有讳饰的。但“或”实际指贵族统治者。

关于胡思乱想的有：“不耕，获；不菑，畬。”想不耕而获，不菑而畬，是妄想。古代耕田有三圃制。新开垦之地为菑，除草翻土后，还不能种植；第二年种植了，叫新田；第三年又种，叫畬田。第四年休耕，又叫菑田。“不菑，畬”，就是不经开垦就想当熟田来种庄稼。跟不耕种而想收获一样。这不是妄想吗？“则利有攸往”，则同于岂，言妄想的人在行旅上难道会好的吗？一样糟。至于不胡思乱想的人怎样呢？就是有病也不怕，“无妄之疾，勿药有喜”。因为他不胡思乱想，既来之则安之，乐观，所以不用药也会病好的。思想影响身体。思想要健康。

本卦的六爻组织，初、上爻，不妄行和妄行对；二、五爻，妄想和不妄想对；三、四爻对，四爻只有贞兆：“可贞。无咎。”三爻说妄动的人，可见四爻是说不妄动的。

大畜　第二十六

䷙（乾下艮上）

大畜。利贞，不家食。吉。利涉大川。

初九，有厉，利巳。

九二，舆说輹。

九三，良马逐。利艰贞。曰闲舆卫。利有攸往。

六四，童牛之牿。元吉。

六五，豮豕之牙。吉。

上九，何天之衢。亨。

“大畜”和“小畜”一样，是讲农业的卦。“小畜”着重讲农业生产，“大畜”则着重副业——牲畜，也说防备敌人抢掠。讲农业生产生活的：“不家食”，在地里工作，也在田头吃饭，不回家去吃。“舆说輹”，和“小畜”说“舆说（脱）辐，夫妻反目”同，运农产品回去时发生的事。“利艰贞”，天旱不为灾。艰从暵，旱也。讲牧畜的：“良马逐”，选优良马种交配。逐，交配也。“童牛之牿”“豮豕之牙”，驯养牲畜。童借为犝。犝牛，公牛。公牛触人坏物，故用木枷（牿）架着它的角。刑枷为梏，牛枷为牿。豮豕，豶豕，大豕。喜奔突，故用枷架着它的嘴。牙即互（枑），木格子。讲敌人抢掠的：“有厉，利巳”，厉，危厉，指敌人来侵犯。利巳，利于祭祀。巳借为祀。警戒防卫，幸免于祸，故祭。“曰（日）闲舆卫”，曰，日字之讹（郑玄作日）。言天天练习车战防卫。

末了说感谢天恩。“何天之衢”，即《诗》说“何天之休”（《长发》）、“受天之祜”（《下武》）。何，荷受。衢借为休，声通。休也是祜。

颐　第二十七

䷚（震下艮上）

颐。贞吉。观颐，自求口实。

初九，舍尔灵龟，观我朵颐。凶。

六二，颠颐，拂经于丘。颐征，凶。

六三，拂颐，贞凶；十年勿用，无攸利。

六四，颠颐，吉。虎视眈眈，其欲逐逐。无咎。

六五，拂经，居贞吉。不可涉大川。

上九，由颐，厉，吉。利涉大川。

“颐”，讲农业的第五个专卦，谈解决粮食问题。颐，腮颔之部。凡人的衣食足，营养丰富，则颐颔丰满，圆鼓鼓的，叫朵颐。故颐解为养。颐和粮食有关。古代抢掠粮食之风盛行，关于农业的几个专卦都提到战俘，即抢掠粮食事件。作者是反对抢掠，主张防御的。在“蒙”卦首先提出“不利为寇，利御寇”的口号，于“大有”提出“无交害”，于“大畜”说“曰闲舆卫”，于“颐”卦则提出自己解决粮食问题。解决之法，是开荒垦殖。

卦辞：“观颐，自求口实。”要考察粮食问题，要自己解决口粮。怎样解决呢？“颠颐，拂经于丘”，颠借为慎，真声通。慎，善也。拂经，借为刜径。刜斫，开辟。径，路，即阡陌，田间路。要善于解决粮食问题，要把丘陵地带开垦出田来种植。“颠颐，吉”，“拂经，居贞吉”，“由颐，厉，吉”，都是同一说法。农业垦殖是过定居生活的，故“居贞吉”。“由颐”，循从这个垦殖解决粮食的办法，即使有些困难（厉），但这是个好办法（吉）。这是从正面说，提出积极办法。

从反面说，“舍尔灵龟，观我朵颐。凶”。“颐征，凶”，“拂颐，贞凶；十年勿用，无攸利”。灵龟，货宝，代表财富。舍弃你的财富不知利用，却窥伺我的粮食，想来抢掠。这是不成的，是坏的想法（凶）。如果为了粮食而直接去抢掠，那一定失败的。因为这是违背解决粮食的正当办法（拂颐，贞凶）。其结果是一败涂地，永远翻不了身。

至于善于解决粮食的，一方面要开荒垦殖，一方面还要注视着那些野心家的“虎视眈眈，其欲逐逐”。他们像老虎攫兽一样，双眼盯着，想一下子捉来吃。他们是这样干的（这里用比喻语，比喻那些抢粮的）。所以要注意防备他们。能注意防备则“无咎”。

作者提出“自求口实”和开荒垦殖的办法，有自力更生的意味。反对抢掠粮食，是他一贯的主张。这里对抢掠者做了形象的描写，指出他的危险性和没有好结果。“十年勿用，无攸利”，是对野心家提出的警告。

大过　第二十八

䷛（巽下兑上）

大过。栋桡。利有攸往。亨。

初六，藉用白茅。无咎。

九二，枯杨生稊。老夫得其女妻。无不利。

九三，栋桡。凶。

九四，栋隆。吉。有它，吝。

九五，枯杨生华，老妇得其士夫。无咎无誉。

上六，过涉灭顶。凶。无咎。

“大过”内容较复杂。以太过作连贯。大、太通。栋桡，说明太过之义。桡，折。过重，故栋折。“利有攸往”，占行旅，和太过无关。是附载。

“藉用白茅”，白茅是贵重的东西，《诗·野有死麇》说以白茅包起鹿赠给女友。送礼用白茅包礼物表示敬意。但藉用白茅就有点太过。旧说谓藉为祭前藉，疑非是。祭是大事，藉不妨用白茅。这当是普通席子，普通席子而用白茅才是太过。老夫得年轻女子为妻，老妇嫁给年轻男子，这当是买卖婚或收继婚（古代有时甚至子母为婚，祖母和孙子为婚）。虽有这种现象，但是年龄相差太远。“枯杨生稊（新芽）”“枯杨生华”，是比喻语。“栋桡”“栋隆”，都是因过重而弯曲。可能是象占辞。“过涉灭顶”是水太深。这些都是说太过的事物，但没有中心范围。

坎　第二十九

䷜（坎下坎上）

习坎。有孚，维心，亨。行有尚。

初六，习坎，入于坎，窞。凶。

九二，坎有险，求小得。

六三，来之坎，坎险且枕。入于坎，窞。勿用。

六四，樽酒，簋贰用缶，纳约自牖。终无咎。

九五，坎不盈，祗既平。无咎。

上六，系用徽纆，寘之丛棘，三岁不得。凶。

“坎”卦无中心范围，所说都和坎穴有关之事，而且是深坑，故以习坎标题。“习坎”是原卦题，后人才简省称坎。《彖》《象》二传作于秦汉间，仍称“习坎”。西汉末年的《易纬·稽览图》称坎又称习坎，名称尚未统一。习坎，重坎，坎中有坎之义。“行有尚”，占行旅，附载。尚者助也。行旅得人之助。

卦辞：“有孚，维心”，指把俘虏放在深坑中，用维心术使俘虏归顺为奴隶。四、上爻说的是维心术。把陶樽、陶盆（大碗）装了酒饭从地坑口（牖）放进去给俘虏吃，吃完取出（约）。用这方法款待，让俘虏归顺。或者把俘虏用绳子（徽纆）捆了放到周围是丛棘的地牢里，等俘虏投降。可是无论怎样款待，俘虏始终不肯降服（三岁不得）——这是关禁俘虏的一种地下坑穴。

初、二、三爻说的是鱼池，另一种坎。这种鱼池积水而成，年深日久，越积越深。坎中又有坎，下水捉鱼很危险，人会陷到深坑里爬不出来。窞字像人陷在两穴里，上穴下穴。

“求小得”，指捉鱼。猎兽，大得；捉鱼，小得。“坎险且枕”，枕借为沉，深也。坎险而且深，入坎，窞（陷）下去。故说不利（勿用）。

“九五”的坎，是捕兽的陷阱。狩猎时代，挖了不少陷坑。到了农业时代，这些陷坑就不那么需要了，所以把它填平了一些，留下一部分。“坎不盈”，即不全部填平。“祇既平”，小丘都锄平。祇，坻之讹字。郑玄本作坻，“小丘也”。这是向农业进军的号召，要锄平丘陵来种庄稼。

“坎”卦虽说内容不是谈一个问题，看似散乱，但以“习坎”来组织这些材料，很有意义。打鱼生活，周人不感兴趣。既危险，也只是“小得”。时代也早已过去。不但小得，就是大得（猎兽）也不能依靠了。他们已进到大量发展牧畜和进行农业生产作为主要经济生活了。看“祇既（尽）平”可知。由于发展农业生产，需要大量的劳动力，故奴隶主千方百计用“维心”术来骗取俘虏变为奴隶。“三岁不得”，虽有时失败了，但奴隶主耐心等候，可见他们很需要。看《周诗》说有成千上万奴隶从事农业生产，可见奴隶主急需奴隶。这已进到奴隶社会的发展阶段了。

离　第三十

䷝（离上离下）

离。利贞。亨。畜牝牛吉。

初九，履错然，敬之，无咎。

六二，黄离。元吉。

九三，日昃之离，不鼓缶而歌，则大耋之嗟。凶。

九四，突如其来如，焚如！死如！弃如！

六五，出涕沱若，戚嗟若。吉。

上九，王用出征，有嘉折首，获匪其丑。无咎。

“离”是讲战争的第三个专卦。离，古读如罗、罹，通借。这里多用作罹患、罹灾解。卦中讲遭到敌人的侵犯，罹祸很惨。最后讲复仇战，打败敌人。

卦辞“畜牝牛吉”，占牧畜，和战争无关。这是采集旧筮辞，和总义不连。各卦多数有个大范围，讲一类事，但也有很少的贞事辞附记在内，因为是选集旧辞，在大范围总义外也采录少数的其他纪事。

六爻全讲战事。初、二爻讲对敌人的警戒防备。初爻“履错然”，是警报有敌人来，于是大家集合准备迎击敌人。人多，步履杂沓。敬通儆，警戒。二爻“黄离”即黄鸟，各地有不同的名称，河北叫黄鸟，陕西叫黄离，这里用地方方言。这是鸟占，黄离鸣叫，占得将有敌人来犯，于是做了戒备，和初爻的“敬之”同（《诗经》用黄鸟起兴的两首诗，都和忧患有关，可参看）。

三爻写迎击敌人。青壮男子都上前线去了，这写的是后方情况，衬托前方。有击缶唱歌的（这当是妇孺），唱的自是抗战的歌，奋勇杀敌的歌。七八十岁的老头在叹息，叹息年老体衰上不了前线去打敌人。在叹息中当还带有痛恨敌人的话。这是发生在黄昏日落的事。可见敌人阴谋偷袭（据《释文》，古文和郑玄本，三爻没有“凶”字。以无“凶”字为当。“凶”字当是今文家妄加。因为看到“大耋之嗟”而不知有“鼓缶而歌”的，而且也不知这写的是抗敌，抗敌是壮勇的英雄行为，而且不分男女老少全部都动起来，断不能说“凶”。三、四爻对文，四爻写罹祸之惨不说凶，三爻更不应有“凶”字）。四爻写敌人突然来侵袭，实行“三光”政策：“焚如”，烧光；“死如”，杀光；“弃如”，毁光。敌人的侵略非常残暴。侵略者的暴行，古代如此，现在更加凶狠。

五爻说的是痛定思痛。受祸者眼泪像下大雨一样，忧愁悲叹。悲痛之余，决心给敌人以还击，故说“吉”，有化悲痛为力量之意。上爻即说还击敌人的复仇战。“有嘉”国名或族名，古多于国族上加“有”字，如有虞、有夏。这“有嘉”即突然来袭之敌。现在“王用出征”了，把有嘉国王杀死了。俘虏了不少人，还获得许多物资。丑，众也。“获匪其丑”，俘人外还获得其他东西。

本卦写战祸惨烈，用意在促使人提高警惕，常常戒备。

咸　第三十一

（艮下兑上）

咸。亨。利贞。取女，吉。

初六，咸其拇。

六二，咸其腓。凶。居，吉。

九三，咸其股，执其随。往，吝。

九四，贞吉。悔亡。憧憧往来，朋从尔思。

九五，咸其脢。无悔。

上六，咸其辅颊舌。

“咸”是杂占之卦，没中心范围，贞事很少。“取女”，属婚姻；“居”，居住；“往”，行旅；“朋从尔思”，商旅。前两种可归一类，后两种是一类。但这两类对立，故没有总义。卦实以象占为主。象占分两方面，一是自然事物显示的异象，一是日常生活上偶然发生的异象。如过去俗人以为眼跳、耳鸣主什么吉凶就是。这里说的是后一种。咸从戌，斧钺。有斩、伤之义。除九四爻外，都是象占。拇是大脚趾。腓是腿肚子。股，大腿。随即隋，腿肉。执也是斩、伤之义。脢，背肉。辅借为酺，辅颊，是脸部。这里是说身体从脚趾到脸、舌因受伤而占，贞事有娶女等四种。“憧憧”，很多人往来不绝。“朋从尔思”，如你所愿，赚到钱贝。

恒　第三十二

䷟（巽下震上）

恒。亨。无咎。利贞，利有攸往。

初六，浚恒。贞凶。无攸利。

九二，悔亡。

九三，不恒其德，或承之羞。贞吝。

九四，田无禽。

六五，恒其德。贞妇人吉，夫子凶。

上六，振恒。凶。

“恒”也是没有中心范围、没有总义的杂占之卦。大较可以说是讲日常生活的，是比较原始的社会日常生活。“咸”是日常生活发生的异象。“恒”是日常生活的现象。

“浚恒”，挖井、挖陷阱、挖沟，都可说是浚（“井”卦，水井、陷阱都说是井）。井、沟等易于崩坏填塞，古人当是常常要浚井、淘沟。但这样的生活实在不好过，故说“贞凶”。三、四、五爻说的是狩猎生活。“不恒其德”，德通得，狩猎不是常能获得禽兽的。“田无禽”即猎不到。不过古人多互通有无，猎不到时别人会送一些给你吃。“或承之羞”，羞，珍馐本字，美食。承，送也。但有时可以“恒其德（得）”的。“贞妇人吉，夫子凶”，另一占辞，不连上文。奴隶社会，妇人和夫子不同等级，故有凶吉之分。“振恒”，振借为震，言常有雷雨或惊恐，日子不好过。震是雷电，也训惊惧。

遁　第三十三

（艮下乾上）

遁。亨。小利贞。

初六，遁尾。厉。勿用有攸往。

六二，执之用黄牛之革，莫之胜说。

九三，系遁，有疾厉。畜臣妾吉。

九四，好遁，君子吉，小人否。

九五，嘉遁，贞吉。

上九，肥遁，无不利。

“遁”是同情隐遁、赞美隐遁的卦。在乾、讼、否、萃等卦看到了一些反映贵族内讧斗争激烈的话。如果把它和《诗经》的所谓“变雅”的诗词同读，就知这是一个什么时代。这是西周末年政治黑暗、周王朝崩溃的时期。面对这样的危机，一些人不愿同流合污，就急流勇退，隐遁不仕。在《诗经》有《白驹》诗欢送隐遁者。“遁”卦和《白驹》一样，是对隐遁者的赞歌。“执之用黄牛之革，莫之胜说（脱）”很奇怪，不好解。读《白驹》诗，才涣然冰释，原来这就是“皎皎白驹，絷之维之”的意思，执之即絷之。疑诗作者就是这位《易》编者。

六爻一开始，给统治者一声棒喝：“遁尾。厉。”如果贤臣都隐遁跑光了，那是非常危险的啊！尾，尽也。二、三爻用人畜对比说，如果这是白驹，是牲畜，可以用黄牛之革把它拘系往，它就跑不了。但人不是牲畜，他对政治不满，有意隐遁，你想拘“系”他，徒然更引起他的憎恨和痛苦而已。疾，病。也可说是疾视、痛恨。厉，近于“艮九三”的“厉薰心”，像焦灼其心一样难受。再说，他是王臣而不是奴隶。“畜臣妾吉”，臣妾你可以奴役，王臣则不能拘系。这是用对比法。“好遁，君子吉，小人否”，君子如果喜欢走就只好让他走，小人（奴隶邑人、农民等）却不能喜欢走就走——这里用君子和小人对比，意思是对待君子不能像对小人那样。这当然有阶级限制，作者是不赞成小人好遁的。“嘉遁”，隐遁是美好的事。“肥遁”，肥通飞。飞遁而去也是好的。作者赞同隐遁，因为他跟隐遁者一样不满当时的政治。隐遁是一种没落消极思想，但在黑暗时代，以退出政治舞台，表示不肯同流合污，对统治者抗议，在当时的环境里也有一定的意义。

从隐遁思想所由发生的政治背景看，肯定是出于末世，所以我们认为《周易》的著作年代是在西周末年，绝不能在周初或中叶。思想的发生一定有它的时代背景的。周初和中叶，不会发生这种隐遁思想，只有在西周末年，政治黑暗，贵族内讧斗争激烈，周王朝陷于崩溃危机时才有这种思想。《周易》写了不少政治黑暗的现象，隐遁思想就是西周末年政治的反映。

大壮　第三十四

䷡（乾下震上）

大壮，利贞。

初九，壮于趾。征，凶，有孚。

九二，贞吉。

九三，小人用壮，君子用罔。贞厉。羝羊触藩，羸其角。

九四，贞吉，悔亡。藩决不羸，壮于大舆之輹。

六五，丧羊于易。无悔。

上六，羝羊触藩，不能退，不能遂。无攸利。艰则吉。

“大壮”是以饲养牲畜（羊群）为主的农业生产的专卦。壮有两义：一借为壮，伤也；一是壮力。以一词多义的壮字作形式联系，壮和内容无关。

“壮于趾”，伤了脚。象占。贞事是“征，凶”和“有孚”，行旅不好，战争获得俘虏。“小人用壮，君子用罔（网）”，小人（农民、奴隶）捕兽，凭着力气徒手捉，贵族则用网来网。用力、用网都是活捉，捉活的可以饲养。三、四、上爻说的是饲养羊群。羝羊，公羊。性野，老喜欢用角去触抵藩篱。有时角触伤了，有时把篱笆触倒了，跑出去撞在车轮上撞伤了。有时两只角卡在篱笆上，进退不得（这是事实。可能因为是现象奇怪，故作象占）。讲到养羊，联系到一件丧失羊群的故事，这是周太王被狄人侵迫迁于岐山的历史大事，迁走时大批牛羊被狄人抢走了（易通狄）。最后才说到农业，“艰则吉”，艰，旱。好在没有成灾。

晋　第三十五

䷢（坤下离上）

晋。康侯用锡马蕃庶，昼日三接。

初六，晋如摧如，贞吉。罔孚裕。裕无咎。

六二，晋如愁如，贞吉。受兹介福于其王母。

六三，众允，悔亡。

九四，晋如鼫鼠，贞厉。

六五，悔亡，失得勿恤。往，吉，无不利。

上九，晋其角，维用伐邑。厉，吉；无咎，贞吝。

“晋”是讲战争的第四个专卦。晋者进也。战争进攻，掌握主动权。古代用车战，需用大量马匹，故卦辞先谈蕃殖马匹故事。康侯，武王弟，封于卫的康叔封。他把在西北蕃殖马匹的方法传到中原。他用锡（赐）给他的良马一天多次交配，因而后来马匹就蕃庶起来了。昼通周，周日，一天。接，交接，交配。

初、二爻，讲进攻的战术战略。摧，摧毁敌人力量。“罔孚裕”，不抢物资。《说文》：“裕，衣物饶也。”愁如，愁借为揫，为遒。揫，围攻遒迫，威逼敌人。“受兹介福于其王母”，胜利后向王母献祭。这当是武王克商的故事。文王的母和妃都是殷女。介，大也。三、四爻谈士兵质素。“众允”，驱使奴隶进攻，是失败的（悔亡）。众在卜辞是奴隶。如“令甾以众伐龙，戋（灾）”（库方1001）。允借为粇，进也。这当是根据殷纣灭亡的故事。纣用奴隶兵，结果前徒倒戈。徒即众，奴隶。“晋如鼫鼠，贞厉”，士兵胆小如鼠，不敢前进，故危亡。以鼫鼠形容胆小，说士兵的质素问题。奴隶兵胆小，因为奴隶是不肯为奴隶主卖命的。

五爻谈战略。“悔亡，失得勿恤。往，吉，无不利”，这里的“悔亡”，指战争失利。胜败乃兵家常事，胜勿骄，败勿馁。“失得勿恤”，不计得失，即败勿馁之意。如有这个态度，仍然鼓勇前进，是能胜利的。故说“往，吉，无不利”。

上九，说战争要预先考虑好，要有计划。“晋其角，维用伐邑”，角是较量。《孙子·虚实篇》：“角之而知有余不足之处。”“知己知彼，百战不殆。”战争之前必先较量研究敌我间的长处和短处。发挥自己的长处，攻击敌人的弱点。故说“晋其角”。“维用伐邑”，维是思维。考虑要不要打。考虑什么，在上面五个爻略为谈到。这里几个贞兆辞，或者是另占，或者是考虑的问题。它们是相反的：“厉，吉”，可能是考虑伐邑是危险抑或有利呢？“无咎，贞吝”，可能先有利后来有困难。

古代战争频繁，“晋”卦是从战争经验总结出来的军事知识。这些军事知识很宝贵，可说是《孙子》之前的一些军事学识，而有些话是跟《孙子》暗合的。

明夷　第三十六

䷣（离下坤上）

明夷。利艰贞。

初九，明夷于飞，垂其翼。君子于行，三日不食。有攸往，主人有言。

六二，明夷，夷于左股，用拯马壮。吉。

九三，明夷于南狩，得其大首。不可疾贞。

六四，入于左腹，获明夷之心于出门庭。

六五，箕子之明夷。利贞。

上六，不明，晦。初登于天，后入于地。

“明夷”卦内容复杂，没中心范围，《易》里少见。大致可说是行旅之卦。其中包括狩猎（也是出门往外之事），但和一般说行旅有别，故说其内容复杂。内容复杂，而以多义的词“明夷”二字作形式联系。明夷二字，歧义最多，故最难解，要具体分别来说。

卦辞“利艰贞”，是关于农业之占，和六爻无关。艰，旱。《易》有几处占艰，应解为占旱。艰从嘆，旱的古字。

初、二爻占行旅。初爻先用谣占，再用筮占，合参为验。“明夷于飞”句是一首起兴歌谣，说行旅的艰难。行人听了觉得不妙，因占。“明夷”借为鸣鶇。这种鸟嘴下有个像胡子一样的大口袋，传说它要把水泽的水淘干才吃到鱼，故又叫淘河。这样找吃的很困难，故用来起兴“君子于行，三日不食”。童谣之占历代都有，这是最早的一首。筮占则为“有攸往，主人有言”。言借为愆。主人有罪，连累了客人，一同遭殃。二爻说出门在黄昏时从马上摔下来，跌伤了左腿。这里的明夷是太阳下山。明，太阳；夷，灭也。“夷于左股”，夷借为痍，伤也。拯马，乘马。壮借为戕，伤也。

三、四爻说有关狩猎之事。明借为鸣，夷是大弓，鸣夷犹言发射。“明夷于南狩”，在南边狩猎，鸣弓射箭。“得其大首”，获得一只大头猛兽。“不可疾贞”，占疾，出门最怕有病。是另一占辞。“入于左腹”，腹借为寝，窑洞。“获明夷之心于出门庭”，明夷是大弓名。心是杺木，即柘木，是制弓的上等材料。因为得到好材料，很高兴，赶快回左边窑洞制弓。古代大弓各有名称，如王弓、唐弓等，这里的明夷是大弓名。

“箕子之明夷”的明夷，是东方民族之一。传说东方有九夷，善制弓，故叫夷族。东方，太阳出处，故叫“明夷”。明夷是东方民族或国名。据说箕子封于朝鲜。之，往也。

最后，说明“明夷”的一个意义，即太阳下山。“不明，晦”，太阳下山了，天黑了。“初登于天，后入于地”，太阳升到天上，后来又落到地下去。说一天内的太阳升降和行旅的一天过程也有关。

“明入地中”是“明夷”之义，但这只是“明夷”的一个意义，光用这一义不能解全卦。作者有时说明题意之一而不概其全，如以“童蒙”解“蒙”为愚蒙，用“原筮”解“比”为并，但“蒙”还应解草木丛生，“比”还应解亲比、阿比。而“明夷”二字歧义更多。

家人　第三十七

䷤（离下巽上）

家人。利女贞。

初九，闲有家。悔亡。

六二，无攸遂，在中馈。贞吉。

九三，家人嗃嗃，悔，厉，吉。妇子嘻嘻，终吝。

六四，富家。大吉。

九五，王假有家，勿恤。吉。

上九，有孚威如。终吉。

“家人”，讲家庭的专卦。讲家庭，故卦辞说利于妇女。

初、二爻，男女对言。奴隶社会，妇女已丧失了她的社会光荣地位，沦为奴隶，成为生男育女和男子淫欲的工具。家庭是父权家长制，统治于父权之下。“闲有（于）家”，男子在家里不做事而作威作福。“无攸遂，在中馈”，说妇女做家务事，勤劳尽责。遂借为队，坠失也。中馈，在家内供饮食。

作者对男子说“悔亡”，不赞成这样的男子。对女子说“贞吉”，认为很好。三爻，写贫富悬殊的两种家族：贫家“家人嗃嗃”，嗷嗷待哺，啼饥号寒（嗃嗃通嗷嗷，哀声）。但贫家虽艰苦，会转好的（“悔，厉，吉”）。富家“妇子嘻嘻”，嬉笑骄逸，终会倒霉。四爻，富借为福，幸福家族最好。五爻，家是家庙。古代认为家庭和祖先是分不开的。王至家庙献祭则无忧。上爻“有孚威如”，俘虏起先很生气，后来做了家庭奴隶。父权家长制是把奴隶也算在家庭之内的[1]。

睽　第三十八

䷥（兑下离上）

睽。小事吉。

初九，悔亡。丧马，勿逐，自复。见恶人。无咎。

九二，遇主于巷。无咎。

六三，见舆曳，其牛掣，其人天且劓。无初有终。

九四，睽孤，遇元夫，交孚。厉，无咎。

六五，悔亡。厥宗噬肤，往何咎。

上九，睽孤，见豕负涂，载鬼一车。先张之弧，后说之

① 《家庭、私有制和国家的起源》第二章。

弧。匪寇，婚媾。往，遇雨则吉。

“睽”是行旅专卦之一。睽是离家作客之义，“睽孤”，孤单一人作客。卦的内容讲出门在外所见所遇。用“见”字三，用“遇”字亦三。卦辞“小事吉”，行旅是小事，当然小事不只行旅。

初爻先说出门之前：出门必占，谁知得了个“悔亡”之兆。同时又发生了“丧马”之事。老马识途，不用去追，它自己会回来的，占得悔亡也不管，决心出门。谁知一出门就见到一个样貌丑恶的人。恶人，指貌丑的人。孟子以恶人和西子对比，西施是美人，恶人是貌丑者。这当是一个被割了鼻子的奴隶。见了恶人，不知主何吉凶，好在“无咎”。二爻，碰到一件巧事：到了一个地方，得先找好住宿处，刚进胡同就碰见一位好客的主人，一招呼就招待到他家里去住了。幸运。

三爻，见到一个赶车的：这一天在路上走，远远见到前面有一辆车拉着东西，再往前，看清楚是一辆牛车。牛拉得很吃力，一只角高一只角低，使劲拉。一个汉子从车上跳下来帮着推。靠近一看，妈啊，这个汉子多难看！额头烙了个大印疤（天），鼻子被割掉（劓）。原来是一个受过刑的奴隶。这车子终于把东西拉走了，虽则东西很重。

四爻，碰到一件倒霉的事：一天，旅客孤单一人在赶路，遇见一个断了一条腿的瘸子扶着拐棍走。他们交谈起来一同走。谁知后面几个人追来，把瘸子逮住，连这个旅客也捆起来带走了。后来经一番解释，知道旅客不是逃亡的奴隶，才把他放了（元夫是兀夫，断腿的人。古字兀元同，如轨也作軏，髡也作髡[1]）。好险！

五爻，经过这一次倒霉的事（悔亡），这位旅客不敢跟人交往了。一天，他进了饭店吃饭，见一个人拿着一块肉啃。一看原来是个同乡，招呼他一同吃。他想，熟人是没问题的。他就一同吃了饭。

上爻，他还是一个人赶路，见到一头猪被人抬着走（负涂借为负拖，涂拖声通）。后面又来了一辆车，上面站满奇形怪状的人（鬼），而且拉开弓弦要向这旅客射，吓了他一跳。后来他们没射，原来他们是迎亲去的，不是抢劫的。那头猪是他们的婚姻礼物。旅客继续往前走，碰上一阵大雨，幸而，没着凉生病。

“睽”卦很像一篇旅行日记，是作者有意把旧筮辞编连起来的。它反映了奴隶干活和逃亡，最后是对偶婚的事。

---

① 这是闻一多的精确说解。见《周易义证类纂》。

蹇　第三十九

䷦（艮下坎上）

蹇。利西南，不利东北。利见大人。贞吉。

初六，往蹇来誉。

六二，王臣蹇蹇，匪躬之故。

九三，往蹇来反。

六四，往蹇来连。

九五，大蹇朋来。

上六，往蹇来硕。吉，利见大人。

“蹇”卦主要说行旅、商旅。卦辞“利西南，不利东北”和“坤”卦“利西南得朋，东北丧朋”同是商旅之占。九五的“朋来”，是得朋贝。蹇，难，难行也。作者用“往……来……”句式，意思是由难变为不难。用相反的词和“蹇”对说，是对立转化的思想，说会变，要变。这里又一次表现他对当时政治黑暗的愤慨——“王臣蹇蹇，匪躬之故”，是对贵族内讧中那些处境困难的王臣表示同情。虽一再说“利见大人”，这种大人当指那些处境困难的王臣，而不是那些夺輦带，“立心勿恒”，使人跃渊的人。

初爻，誉通趋，安行也。由难行变安行。三爻，反犹反反，顺善也。由困难变顺利。四爻，连和辇通，从车，车子。由难行到有车坐，由难行变为不难行。五爻，经过大困难而得朋。上爻，硕借为拓，取也。由困难而取得，取得朋贝。五、上爻都是先难后获，指商旅说。

解　第四十

䷧（坎下震上）

解。利西南。无所往，其来复吉。有攸往。夙吉。

初六，无咎。

九二，田获三狐，得黄矢。贞吉。

六三，负且乘，致寇至。贞吝。

九四，解而拇，朋至斯孚。

六五，君子维有解，吉，有孚于小人。

上六，公用射隼于高墉之上，获之。无不利。

“解”是散杂的卦，没中心范围，用一词多义的解字作形式联系。解有解开和懈怠两义。内容有行旅、商旅、田猎和俘虏四种。卦辞说商旅和行旅。“利西南”即“利西南得朋”。又说，懒人（懈）最好不要出门，能够回来就是好事；如果一定要出门，最好早去早回（夙吉）。

三、四爻说商旅。“负且乘”，商人带的货物很多，因而招致了抢劫。“解而拇”，走得懈慢，得了钱也被人俘虏了去。

二、上爻，说田猎。“田获三狐”，收获不错，原来是被人射伤了的，因为它带着“黄矢”，可见是带伤了。一个贵族在高墙上射下了鹰隼。这是射雕手，武艺高强。

五爻，贵族解开了战俘的绑缚，因而又得到了一批生产劳动力（小人）。

损　第四十一

（兑下艮上）

损。有孚。元吉，无咎。可贞。利有攸往。曷之用二簋，可用亨。

初九，巳事遄往。无咎，酌损之。

九二，利贞。征，凶。弗损，益之。

六三，三人行则损一人，一人行则得其友。

六四，损其疾，使遄有喜。无咎。

六五，或益之十朋之龟，弗克违。元吉。

上九，弗损益之。无咎，贞吉。利有攸往。得臣无家。

益　第四十二

（震下巽上）

益。利有攸往。利涉大川。

初九，利用为大作。元吉，无咎。

六二，或益之十朋之龟，弗克违。永贞吉。王用享于帝，吉。

六三，益之用凶事，无咎。有孚，中行告公用圭。

六四，中行告公从，利用为依迁国。

九五，有孚，惠心，勿问。元吉。有孚惠我德。

上九，莫益之，或击之，立心勿恒。凶。

“损”“益”是对立的组卦，因而合起来说。看“或益之十朋之龟”两卦同辞，可知这是组卦，和“泰”“否”两卦有同辞一样。“泰”“否”讲对立转变之理，“损”“益”则论事物的或损或益，因具体情况不同而异。有时是损，有时是益，有时则不损也不益。这在“损”卦说得很清楚：“酌损之”，“弗损，益之”，“弗损益之”，即因情况不同而定损益的不同。

“酌损之”是“巳事遄往”的按语。“巳事”，祀事。祀事很重大，应该赶快去。但祀事有时也可以斟酌情况而减损，如“观”：“盥而不荐，有孚颙若”，人牲伤重，就不能用来献祭。“损其疾，使遄有喜”，有疾病而去祭祀，为的是要病减以至痊愈，病是要损减不要益的。“益之用凶事”，凶事，丧事。丧事有馈赠，是益。但馈赠并不为要增多丧事。“有孚，中行告公用圭”，中途捉到俘虏用来献祭，是偶然的，不是为了献祭而多捉俘虏。“曷之用二簋，可用亨”，曷通丐，馈赠也。馈赠以二簋，可以用来享祀。但不是为了享祀而馈赠，有没有二簋一样可以享祀。

在某种情况下，有时会损，有时会益。“三人行则损一人，一人行则得其友”，三人同行，两人冲突，第三者不好办。一人行则孤寂，希望得个同伴。“益九五”说对待俘虏情况不同，有时安慰之，使他的心里感谢（惠心），不必用东西送给他（勿问）；有时要给他物质享受，使他感德（惠我德）。

“弗损，益之”，如“利用为大作”，大作，大兴土木建设，是益。“中行告公从，利用为依迁国”，依读为殷，这是周公迁殷遗民于洛邑事。上说“为大作”，当是营建洛邑。“中行告公从”，在周公东征的归途中，成王遣人告诉周公趁机把殷遗民处理好。营建洛邑和迁殷遗民是周初建国必须办的事，是不能损而要益的。“或益之十朋之龟，弗克违”，弗克违即不能损。二卦同辞，在“损”重在“弗克违”，在“益”重在“益之”。“王用享于帝”也是“弗损，益之”的。

“弗损益之”，不损也不益。“得臣无家”，臣，家庭奴隶。臣也有家，金文往往说锡臣多少家。但得臣时既然没有家，也不用管他。“莫益之，或击之，立心勿恒”，贵族内讧，权臣得势，排除异己，而且他是狡猾多端的。在这种情况下，别人不敢得罪权臣，但也不助纣为虐。对被排挤的，当然不应该落井下石，但又觉得爱莫能助。这是一种“弗损益之”的情况。虽则作者心里是憎恨权臣的，但也要面对这样的事实。这反映了当时贵族内讧事。

具体情况，分别处理，这是作者在这里所要说的主要思想，虽然所举的例证并不都对，但在某种情况下就揭露了贵族内部的矛盾。利用“益”卦说贵族内讧之事，在史料上是宝贵的。把这类史料合起来，就可见西周末年一些政治现象，也就证明了《周易》的著作时代。

夬　第四十三

䷪（乾下兑上）

夬。扬于王庭。孚号，有厉，告自邑。不利即戎，利有攸往。

初九，壮于前趾，往不胜为咎。

九二，惕号，莫夜有戎，勿恤。

九三，壮于頄，有凶。君子夬夬独行，遇雨若濡。有愠，无咎。

九四，臀无肤，其行次且。牵羊悔亡，闻言不信。

九五，苋陆夬夬中行。无咎。

上六，无号，终有凶。

“夬”，内容复杂，没中心范围，以一词多义的“夬”作形式联系。夬，快之本字，有快速和快乐两义。本卦以两义作贯连。“扬于王庭”，说明夬有快乐之义，非贞事。扬，舞蹈。在王庭舞蹈是快乐的事。贞事有快乐和不快。孚号即呼号，从邑来了警报说有危险，即有寇戎。“不利即戎”，形势不利于去打仗，只应做戒备防御。这是不愉快事。“利有攸往”，有利于行旅则快乐。

初爻占行旅，不愉快。因为伤（壮）了前趾。行往则非常困难，“不胜为咎”，即不胜其咎。很难，很糟。九三爻下半占行旅，君子一人走得很快，碰到下雨，淋湿一身，心里很不痛快。夬夬借为赽赽，快速也。“遇雨若濡”，即遇雨而濡湿。九四爻下半是商旅事，“牵羊悔亡”，牵羊群去卖，失利了。这是合股买卖，失利回来，股东们问他哪里出错了，他却解释不清楚。“闻言”借为问愆，问罪。信，伸白也。行旅、商旅都不愉快。

爻辞也说寇戎事，寇戎更不快了。九二“惕号”，害怕而呼号，因为晚上有敌人来了。“勿恤”，叫大家不要担心。上六“无号，终有凶”，没人呼号，终于败了事。应是都睡着了，没有警戒。

三、四爻上半和九五是象占辞。“壮于頄，有凶”“臀无肤，其行次且”，当是梦占。頄，眼耳之间的颧部。梦见颧部受伤，是凶兆。梦见臀部没了肉，走起来趑趑趄趄走不动，这都是不愉快的梦。贞事，则遇雨和买卖失利。九五爻从无解得通的，因为是象占，又有个错字。“苋陆”应为“萈陆”。萈，羊头兔足，是细角山羊，羚羊类。萈，各本皆讹，只有孟喜本不误（见罗泌《路史》卷五“黄帝问于柏高”条罗苹注引：“萈，胡官切，细角山羊。《易》言萈陆”）。许慎《说文》有萈字，解同罗注。许用的是孟氏《易》。“苋陆夬夬中行”言细角山羊在路中跳得很欢很快。陆借为踛，跳也。羚羊本是山中动物，在大路上跳，很怪。行人见了，因作象占。“夬夬”正合于快速、快乐两义。这是“五行占”、鸟占之类。古人迷信，常用鸟占，又有蛇孽之占，此为羊占。知古有象占，才能解《易》这一类辞。“无咎”是筮占贞兆。

“夬”内容较杂，反映了有关寇戎、行旅、商旅的事。

姤　第四十四

䷫（巽下乾上）

姤。女壮，勿用取女。

初六，系于金柅。贞吉。有攸往，见凶。羸豕孚蹢躅。

九二，包有鱼。无咎。不利宾。

九三，臀无肤，其行次且。厉，无大咎。

九四，包无鱼。起凶。

九五，以杞包瓜，含章，有陨自天。

上九，姤其角。吝，无咎。

"姤"卦占事很少，只有取（娶）女和有攸往。占行往是常事，各卦多有。姤，也作媾，婚媾；又借为遘，遇也。以婚媾联系取女，以遘遇联系行往。卦中多象占辞，也多和婚媾有关，可说是关于婚姻之卦。"女壮"，梦见女子受伤。占婚姻，不利（勿用）于取女。爻辞的象占和婚姻有关的："包有鱼。无咎。不利宾"，包借为庖（《释文》："本作庖"）。梦见庖有鱼，筮占"无咎"，贞事则"不利宾"，另一占，宾借为嫔，女嫁男为嫔，但古代男到女家也叫宾（见《仪礼·士昏礼》"宾东西答拜"，郑玄注："宾为婿"）。鱼在古代往往用作配偶的象征（闻一多《说鱼》有详证[①]）。"包有鱼"和"包无鱼"之梦当是和婚姻有关。有鱼，"无咎"；无鱼则"起凶"。起凶言动则凶。"姤其角"，梦见婚媾有角斗，象征劫夺婚。筮占则"吝，无咎"。

"系于金柅"，柅是纺纱轮上止轮不动的木片。此以铜制，故说金柅。柅以止轮。一次不小心被柅卡住了，这本是常事，但古人迷信，就又作占。筮占则"贞吉"，占往则"见凶"，遇到不好的事。见，遇也。另一现象，一头哺乳小猪的瘦母猪踯踯躅躅地走得很不利落。古人也以为怪，又要占一下。如非象占，就是说饲养母猪生小猪事。羸，瘦。母猪是瘦

① 《闻一多全集》"神话与诗"之部。

的。孚，乳也。

另一象占，“以杞包瓜，含章，有陨自天”，包瓜，匏瓜。匏瓜缠附于杞树往上长，长得很好看（含章，文采）。忽然从上面掉下一个瓜来（有陨自天），这可能也是一个梦。

总之，“姤”卦多象占辞，象占有和婚姻相关的。贞事不多，以婚姻为主。姤通媾，也取婚媾之义。

萃　第四十五

䷬（坤下兑上）

萃。亨。王假有庙。利见大人。亨。利贞。用大牲吉。利有攸往。

初六，有孚不终，乃乱乃萃。若号，一握为笑。勿恤。往，无咎。

六二，引吉。无咎，孚乃利用禴。

六三，萃如嗟如。无攸利。往，无咎。小吝。

九四，大吉，无咎。

九五，萃有位，无咎。匪孚。元永贞。悔亡。

上六，赍咨涕洟。无咎。

“萃”卦内容较复杂。说祭祀，说行往，没中心范围。萃借为瘁（悴），忧悴、劳瘁。因又说到政治上的“萃（瘁）有（于）位”者。占祭祀、行往，是选编旧筮辞，而“萃有位”则是作者针对当时政治黑暗而发。卦辞已包举祭祀、行往二事。头一个“亨”字指享祀，泛说。“王假有庙”则专说祭祖先。“用大牲”，用牛牲。六二“孚乃利用禴”，用俘虏为人牲。禴，祭名。九五“匪孚”，没捉到俘虏。初六，俘虏逃了，大家又乱又沮丧，大呼小叫，后来捉回俘虏来，大家又笑了。“一握”同于咿喔，笑声。值得注意的是“萃有位”，同于《诗·北山》的“尽瘁事国”。三、上爻“萃如嗟如”“赍咨涕洟”，都指尽瘁事国者的叹息流涕。“赍咨”即嗟咨。洟，鼻涕。这是政治黑暗时忧国者为国家危亡而痛哭。

升　第四十六

（巽下坤上）

升。元亨。用见大人。勿恤。南征，吉。

初六，允升。大吉。

九二，孚乃利用禴，无咎。

九三，升虚邑。

六四，王用亨于岐山。吉，无咎。

六五，贞吉。升阶。

上六，冥升。利于不息之贞。

“升”卦讲进升之事，内容不一，以升作形式联系。

这里有历史故事，可惜不大清楚。如“南征，吉”当指南征荆楚，是宣王时事。“王用亨于岐山”，是太王迁于岐山时或之后的事。“孚乃利用禴”，用俘虏作人牲祭。是否享于岐山时用俘，不明。“允升”，《说文》引作粇升。粇，进也。进升即升的本义。“王用亨于岐山”，有地名，较清楚。其余不明。

“升虚邑”“升阶”，都是进升。邑多建于高地山丘，故说虚邑。升阶，循阶一级一级上升。“冥升”，晚上进升。夜以继日，故说“利于不息之贞”。上升不歇，这是作者用意所在。本卦除一二故事外，泛说进升。进升，前进。不要退缩，故说“勿恤”，不愁。有克服困难之意。“升”卦可能是利用一些旧筮辞发挥，说明做事要进升进取的意思。

困 第四十七

䷮（坎下兑上）

困。亨。贞大人吉。无咎。有言不信。

初六，臀困于株木，入于幽谷，三岁不觌。

九二，困于酒食，朱绂方来。利用享祀。征，凶。无咎。

六三，困于石，据于蒺藜。入于其宫，不见其妻。凶。

九四，来徐徐，困于金车。吝，有终。

九五，劓刖，困于赤绂，乃徐有说。利用祭祀。

上六，困于葛藟，于臲卼。曰动悔，有悔。征，吉。

“困”卦主要讲刑狱以及跟刑狱有关之事。“有言不信”，言借为愆，罪也。有罪不能伸白（信，训伸），就受刑狱了。初六“臀困于株木”，受刑杖打屁股；“入于幽谷”，幽谷，牢狱。牢狱幽暗如谷，故以幽谷代指牢狱。“三岁不觌”，关了三年不见面。六三爻的石，是嘉石。让有罪者担枷坐于嘉石上示众（见《周礼·大司寇》）。蒺藜，也是指监狱。古代监狱周围布满蒺藜，以防越狱逃跑。“不见其妻”，是罪犯的妻子在他蹲监狱时跑掉。妇女被禁在家里像坐牢一样，故乘机逃跑。九四爻“金车”，即禁车，指囚车。“来徐徐”，慢驶。“有终”，被释。上六“葛藟”，有针刺的蔓草，像荆棘。“臲卼”，原当作臬仉，《说文》引作槷魁，声通。槷同于臬。臬仉是木橛。牢狱周围围上针葛，打上木桩，以防越狱。有点像今之铁丝网。九二、九五，说同一事。赤绂、朱绂，都指同一个敌方（红衣族）。二爻说因为喝醉酒，敌方来了，被俘。五爻说被割鼻刖足，关在敌方，但终于伺机逃回来。“享祀”“祭祀”“征，凶”等是另占，和刑狱无关。

井　第四十八

䷯（巽下坎上）

井。改邑不改井，无丧无得。往来井井。汔至，亦未繘井，羸其瓶。凶。

初六，井泥不食。旧井无禽。

九二，井谷射鲋。瓮敝漏。

九三，“井渫不食，为我心恻，可用汲。”王明，并受其福。

六四，井甃。无咎。

九五，井冽寒泉食。

上六，井收，勿幕，有孚。元吉。

“井”卦讲一个阶级斗争的故事。由于邑主对邑人压迫太深，喝没喝的，吃没吃的，活不下去，邑人起而反抗，赶走邑主，取得胜利。调来新邑主，被迫改善了邑人的生活。井有三义：井田、水井、陷阱。以一词多义作形式联系来标题。

开始，从调换邑主说起。邑主调换了地方，邑的井田数相等，实际没改变。对邑主来说，没失没得，一往一来井井有条。下面追叙邑人受的压迫：井涸塞了（汔，涸。至借为窒，塞也），却不挖好它（繘即矞，穿也。挖井叫穿井）。打水的瓶是坏的（羸通儡，坏也），井水泥泞不能喝，捕兽的阱旧烂了，装不到兽。再往后更坏，水井、陷阱统统崩坏了，变了山坑。但它又不是鱼塘，要吃只能射小鱼吃，等于没得吃。盛水的瓮也是坏的漏的。以上是邑主对邑人压迫的情况。井坏到不能打水喝，陷阱烂到装不到兽，靠在山坑射小鱼吃，其实就是没吃的了。

这里没有说反抗，也不可能说。但反抗和反抗胜利已在开始时说了，旧邑主调走了。九三说调来了新邑主。“井渫不食”，新邑主承认井水污浊不能喝（渫，污浊。即上文井泥之义）。事实俱在，不能不承认。怎样办呢？他说：好吧，给我挖深它，就可以汲来喝了。“为我心恻”，我，邑主自称。心借为沁，淘水。恻借为测，深也。韩愈、孟郊诗："义泉虽至近，盗索不敢沁。"（《同宿联句》）旧注："北人以物探水曰沁。"心借为沁，即为探。沁测即挖深。"王明，并受其福"，这是作者的按语，说把旧邑主调走，换新邑主，是王的明智，使大家都得到福乐。并，普也（王引之《经义述闻》）。

挖深外还把井壁用砖瓦改砌好，免致崩塌。"井甃"，用砖瓦垒井壁为甃。周人早就会烧制陶器，这当是用陶瓦之类的陶器垒砌井壁。这一改建，涸塞、井泥、井谷等问题都解决了，所以结果"井洌寒泉食"，清凉可口。

还有一个问题是"旧井无禽"，装不到兽。解决的办法是"井收勿幕"，把一些崩坏的水井井口收小，改为陷阱。原来的井上有栏杆盖子等，现在不用再盖盖子（勿幕），这就可以装到兽了（有孚，有获）。

这个阶级斗争故事很宝贵。作者虽是贵族，但也反映了当时的事实。

革　第四十九

䷰（离下兑上）

革。巳日乃孚。元亨。利贞。悔亡。

初九，巩用黄牛之革。

六二，巳日乃革之。征，吉。无咎。

九三，征，凶。贞厉。革言三就，有孚。

九四，悔亡。有孚，改命。吉。

九五，大人虎变，未占有孚。

上六，君子豹变，小人革面。征，凶。居贞吉。

“革”卦没中心范围。主要占战争获俘和征往。谈关于战俘、小人。小人也属于战俘一类。革有皮革和变革二义。以一词多义作形式联系。占征往常见，属于附载。居贞是征往的反面。

“巳日乃孚”，巳借为祀，祭祀之日才去捉俘虏作牲。“巳日乃革之”，祀日要先占，占的日子不吉或到时有变化，比如捉不到俘虏，就得改变。“革言三就”，言借为靳，马胸革带（闻一多说）。马胸用革带绑紧，于是捉到俘虏。“巩用黄牛之革”，同样意思。“有孚，改命”，当是先得“悔亡”之兆不敢作战，后来捉到俘虏了解情况就改变了战略。

“大人虎变，未占有孚”，虎变犹言大发脾气，露凶相。统治者生气也没用，不一定有得（孚，获）。“君子豹变，小人革面”，君子发脾气，小人（被统治者）也会变脸对待的。小人中的奴隶是由战俘来的。

鼎　第五十

䷱（巽下离上）

鼎。元吉。亨。

初六，鼎颠趾。利出否？得妾以其子。无咎。

九二，鼎有实，我仇有疾，不我能即。吉。

九三，鼎耳革，其行塞？雉膏不食，方雨亏悔。终吉。

九四，鼎折足，覆公馀，其形渥。凶。

六五，鼎黄耳，金铉。利贞。

上九，鼎玉铉，大吉。无不利。

“鼎”说和鼎有关之事，没中心范围。鼎，饮食器，故说饮食事。这是陶鼎，易坏。鼎坏了，古人迷信，以为象征什么吉凶，因作象占。占行、占猎。行、猎都是出门的事。猎又和饮食有关。九二，“鼎有实”，实，是食物。鼎煮好吃的了，可是我（贵族）的妻子有病，不能跟我一起吃。仇，配偶。即，就食、对食。九三“鼎耳革，其行塞？”陶鼎的耳坏了。

糟糕，是不是出门不利之兆？“行”指田猎；塞，不通。事实上是正当大雨天，天气不好，不能出门打猎，打来的雉鸡要把肥肉留下一点不吃，免致猎不到禽兽时完全没得吃。九四，鼎脚坏了，家庭奴隶不够小心，把奴隶主（公）的粥打撒了，被公加以大刑责罚。悚，粥。形渥借为刑剭，大刑也。初六“鼎颠趾”同于“折足”。占出门吉凶，这里“出”指做买卖。商人放高利贷，借债者还不起债，妻和子都做了奴隶来抵偿。五、上爻写鼎的装饰：黄耳，铜配制。金铉，以铜做鼎闩，贯鼎耳上。玉铉以玉做鼎闩。

震　第五十一

䷲（震下震上）

震。亨。震来虩虩。笑言哑哑；震惊百里，不丧匕鬯。

初九，震来虩虩，后，笑言哑哑。吉。

六二，震来厉，亿丧贝？跻于九陵。勿逐，七日得。

六三，震苏苏，震行，无眚。

九四，震遂泥。

六五，震往来厉，意无丧有事？

上六，震索索，视矍矍。征，凶。震不于其躬，于其邻。

无咎，婚媾有言。

“震”卦说雷电和人们对雷电的看法。

卦辞和初九，先列举有四种人对雷电的看法不同：第一种，“震来虩虩”，听见雷声很害怕。虩虩，哆嗦，恐惧的样子。第二种，“笑言哑哑”，哑哑，笑声。这种人听到雷声，置若罔闻，谈笑自若。第三种，“震惊百里，不丧匕鬯”，雷声响得很厉害，但这种人很镇静，他拿着匙勺舀酒（当是祭祀），手不颤，酒不洒，匕，勺子。鬯，酒。第四种，“震来虩虩，后，笑言哑哑”，起先他听了雷声很惧怕，后来他就不怕了，谈笑自若了。

这四种人对于雷电的看法，在下面有描写。第一种放在最后说，先说第二种，六二：“震来厉，亿丧贝？跻于九陵。勿逐，七日得。”六五：“震往来厉，意无丧有事？”这是商人，行雷闪电很厉害，他却不理会，一心只想着这场雷电对自己有没有损失？他拼命往市场跑（九陵山，市场所在。古代城和市建在高处）。跑啊跑啊，跑累了。心里想，不要跑了，就是有损失，不到几天可以捞回来的。又一次，雷电在天空横来闪去，他又左思右想：不会有损失吧？有事情发生吗？

六三：“震苏苏，震行，无眚。”这是第四种人。由实际经验和观察，他就由不安变为安心，由疑惧变为不怕。苏苏，疑惧不安也。起先听到雷声，周身不舒服。后来他多次在雷电时行走，一点事没有。他明白过来，雷电并不是要打死人的，只要小心就不会碰上。“行”，慢步走，即小心走路。眚，灾祸。

上六前半写第三种人：“震索索，视矍矍。”索索同于缩缩，即行步安详谨慎。视矍矍，观察像鹰隼一样，看得远，看得准。既谨慎又有眼光有思想，了解雷电不过是自然的现象，并不是什么雷公打死人。这现象就是“震遂泥”（九四）。遂借为队（坠），天电打到地里去，像坠到泥中。这就是有时会击人坏物的情况。但第一种人则迷信，认为是雷公打死有罪的人。“震不于其躬，于其邻”，雷电没打到自己，打死邻人，自己幸运“无咎”，邻人有罪——“婚媾有言”。婚媾，亲友，指邻人。有言，有罪。言借为愆，罪也。

“震”卦有科学精神，表现了作者有一定的科学知识。

艮　第五十二

䷳（艮下艮上）

艮其背不获其身，行其庭不见其人。无咎。

初六，艮其趾，无咎。利永贞。

六二，艮其腓。不拯其随，其心不快。

九三，艮其限。列其夤，厉薰心。

六四，艮其身。无咎。

六五，艮其辅，言有序。悔亡。

上九，敦艮。吉。

“艮”卦讲卫生知识。艮字从匕（比）、目。比目，集中视力注意的意思，艮即注视。卦的内容说应该注视保护身体的各部，即保护全身。不要只顾局部。六爻虽分说，合起来就是注视全身。卦辞“艮其背不获（护）其身，行其庭不见其人”。下句比喻光注意局部，例如只注意背部而不知保护全身，好比光有空洞洞一栋房子却没人住，是没用的。“获（獲）”是护（護）的形近而讹。

六爻从下而上，说注视保护身体各部。脚趾要注意，腿肚子要注意。如腿肚子不长肉，心里就不痛快（拯，增长。随，即隋，肉也）。要注意腰部（限）。腰胁（夤）瘦削，很焦心（薰，熏）痛苦。要注意胸腹（身指胸腹，和卦辞之身指全身不同）。要注意嘴脸（辅，酺）。而且这张嘴说话要说得有条理，不要胡说八道。言为心声，思想要纯正。注意保护身体，还要思想好。头额（敦，颠额）要注意保护。总之，全身都要注意保护。从脚到头，从身体到思想，都要注意。

渐　第五十三

（艮下巽上）

渐，女归吉。利贞。

初六，鸿渐于干。小子厉，有言，无咎。

六二，鸿渐于磐，饮食衎衎。吉。

九三，鸿渐于陆，夫征不复，妇孕不育。凶。利御寇。

六四，鸿渐于木。或得其桷。无咎。

九五，鸿渐于陵。妇三岁不孕，终莫之胜。吉。

上九，鸿渐于陆。其羽可用为仪。吉。

“渐”卦讲的是家庭之事。作者所理想的幸福家庭，因没有适当的词可作标题，仿民歌起兴式创“鸿渐于×”句冠于六爻，而截取“渐”字作标题。由此可见每卦标题是作者有意标的。渐者，进也。进和内容不相应，只取形式联系。“女归吉”，女嫁而后有家庭。

六爻用阶升法，从下而上，起兴句也从低处说起。干，涧；磐，水涯；陆，高平地；木，树；陵，山；最后的陆是阿之讹。阿，大陵。

“小子厉”，小孩有危险。“有言”，言当为訔，呵责。教训他才好。“饮食衎衎”，衎衎，喜乐，家庭应该饮食快乐。“夫征不复，妇孕不育”，不幸的家庭。这种不幸是由于敌人侵犯，故提出要防御，“利御寇”。“或得其桷”，桷，椽子。有椽可以盖房子，意思是家庭要有房子住。“妇三岁不孕，终莫之胜。吉”，妇女不孕而没人欺凌她，这是幸福家族。胜，欺凌也。上爻“其羽可用为仪”，用鸿羽舞蹈。意为家庭要有文娱之乐。可能为凑韵添足一句。

归妹　第五十四

䷵（兑下震上）

归妹。征，凶。无攸利。

初九，归妹以娣。跛能履。征，吉。

九二，眇能视。利幽人之贞。

六三，归妹以须，反归以娣。

九四，归妹愆期，迟归有时。

六五，帝乙归妹，其君之袂不如其娣之袂良。月几望。吉。

上六，女承筐无实，士刲羊无血。无攸利。

归妹，嫁女也。“归妹”讲嫁女事，是婚姻家庭之卦。卦中主要讲娣妹共夫婚姻。在原始社会和现在一些文化不发达的民族盛行姊妹共夫制，长姊出嫁，她的妹妹们达到确定年龄的和长姊一同出嫁。我国春秋时还有这种遗俗，诸侯娶一女，同姓之国以娣侄陪嫁。有个专名叫“媵”。不但国君，卿大夫也有。“归妹以（与）娣”，即娣和姊一同出嫁。“归妹以须”，须借为媭，也是娣。奇怪的是，姊妹一同出嫁，如果长姊被休，妹妹也被一同离弃。“反归以娣”即一同被弃。春秋时的礼俗也一样。如果想把妹妹留下，得另想办法。六五是说帝乙以女嫁给文王的故事。“君”指国君夫人，女君也。袂，衣袂，代指嫁妆。姊姊的嫁妆没有妹妹的好。这当是古俗。《诗·韩奕》也说妹妹嫁妆很多。这是殷周两民族实行姊妹共夫制。

“归妹愆期，迟归有时”，愆期，过了时间。时，待也。所以过期迟嫁，因为有所等待。等待什么？或者是姊姊要等待妹妹达到一定年龄才一起出嫁。如不是，就只说古代嫁女有时候会因事而过期的。

“跛能履”“眇能视”，是两个梦占，当是婚姻的梦。喜梦，好梦。“利幽人之贞”，也指婚姻，不是幽系于监狱的人。阶级社会，妇女丧失了社会地位，在家庭里是奴隶，被关禁起来和外人没有来往。家庭犹如牢狱一样，幽人指家庭妇女，她就是家庭里的囚犯。

上六也是梦占，跟婚姻有关。婚礼习俗：婚后三月，主妇参加祭祀做助祭。她管的是煮饭的事，“承筐”即持筐奉献粢米。男子管的是宰羊豕。但“承筐无实”，“刲羊无血”，不是事实而是梦。这是就归妹而联系到婚后的事。

丰　第五十五

（离下震上）

丰。亨。王假之。勿忧。宜日中。

初九，遇其配主，虽旬无咎。往，有尚。

六二，丰其蔀，日中见斗。往得疑疾。有孚发若。吉。

九三，丰其沛，日中见沫。折其右肱。无咎。

九四，丰其蔀，日中见斗。遇其夷主。吉。

六五，来章，有庆誉。吉。

上六，丰其屋，蔀其家。窥其户，阒其无人。三岁不觌。凶。

“丰”，讲行旅、商旅之卦。丰借为豐。《说文》引作豐，“大屋也”。用多见词作形式联系。豐和内容无关。卦辞：“亨。王假之。”亨是享祀，“王假之”即“王假有庙”（萃）之义。因豐是大屋，以豐代宗庙。“之”指豐。如家人九五“王假有家”以家代庙。“勿忧”，他卦多说“勿恤”，同。王祭宗庙则得福而不忧了。“宜日中”，宜于日中祭祀。行旅之前，要占卜和祭祀，故先说祭祀。六爻说行旅、商旅，有三爻说象占——星占。星占行旅，而又和筮占相参证。但“有孚发若”和祭祀有关，“发若”和“有孚威如”（家人上九）义同，俘虏生气发怒。用人牲祭，俘虏发怒。“发若”或者借为废若，俘虏是残废的。和“疑疾”意近。

二、三、四爻有星占的：“丰其（而）蔀，日中见斗”，“丰其沛，日中见沬”，豐是大屋，可是屋顶却是用草盖的。蔀，同菩。小席也（《释文》：“蔀，郑（玄）、薛（虞）作菩，小席”）。沛借为芾或茇，蒲草。考古学家在陕西半坡村发现用草泥土盖的房子，即是用蔀、茇盖的大屋，草顶房子疏漏，白天可以见到星宿。斗，北斗。沬，斗杓后星。日中见星，怪象，因作星占。筮占之事则为“往得疑疾”、“折其右肱”和“遇其夷主”，都是行旅事。疑疾，怪病。或借为痴，痴病。折肱，摔伤断臂。夷主，常常接待的主人。

初九的“遇其配主”，配同妃，女主人。旬借为姰。《说文》：“姰，男女併也。”这旅客住到女主人家，和女主人同居了。这可能是个寡妇之家。“往，有尚”，另一占辞，谓出门得到人的帮助。尚，助也。

六五是商旅事。“来章”，章借为璋，商人为得朋，这一次却得到美玉，所以别人给他庆祝，称赞他（有庆誉）。

上六是久客不归，可能客死在外了。“屋”从外说，“家”就内说。房子很大，屋内用草泥土粉饰得很好。可是看看屋里却没个人影，静悄悄的，三年不见人了，剩了一栋空房子（阒像犬张目守门，静也）。

旅　第五十六

（艮下离上）

旅。小亨。旅贞吉。

初六，旅琐琐，斯其所，取灾。

六二，旅即次，怀其资，得童仆贞。

九三，旅焚其次，丧其童仆。贞厉。

九四，旅于处，得其资斧，我心不快。

六五，射雉，一矢亡，终以誉命。

上九，鸟焚其巢，旅人先笑后号啕。丧牛于易。凶。

“旅”卦主要说商旅做买卖事。末了附带说一件射猎事（也是出门）和一件周人大迁徙的历史大事。卦辞说“旅贞吉”，可见头一个“旅”字是标题。“旅”是标题和内容一致的卦。

初至四爻，写商人的心理和做什么买卖。“旅琐琐”，《说文》引作惢惢，三心二意，疑虑不安。琐琐，假借字。因为疑虑不安，怕发生事故，离开了旅所，而结果反而得祸。“斯其所”，斯，离也。和“旅即次”“旅于处”句法同。“旅于处，得其资斧，我心不快”，旅人在住处（即市场）做生意赚了许多钱，赚了钱他却怕起来。“我”是贵族，即商人。这和初爻说的是同样的疑虑不安。资斧，钱币。钱币起先是模仿斧（生产工具）铸造的。最初用朋贝为货币。朋贝，海产。不够使用，改铸铜币。这当是西周中晚期的商业用的币制。西周前和初期用贝。六二、九三，说商人怀资到旅舍，他是贩卖奴隶的。旅舍一次失火，奴隶们趁纷乱的时候逃跑了。童仆是奴隶。早期是把战争掳来的俘虏设法叫他归顺成为奴隶的，后来商人把奴隶当商品贩卖。“随”卦说到奴隶的两个来源。

六五是田猎事，田猎也是出门。故行旅往往和狩猎在一起说。“射雉，一矢亡，终以誉命”，一矢未中要害，雉鸡带矢飞去了。可是毕竟是射中了，终有善射的荣名。

上九是周人的历史大事，即太王被狄人侵迫迁于岐山的事。“丧牛于易”，易和狄通。狄人烧杀抢掠，房子被烧，牛羊被抢（大壮六五“丧羊于易”）。火光冲天，树上鸟巢也被殃及。周人本来过着快乐的生活，现在被迫逃跑，故“旅人先笑后号咷”，哭喊呼叫。这“旅人”是大移民大逃难的周人。这是他们的历史大事，故一再提到。

巽　第五十七

䷸（巽下巽上）

巽。小亨。利有攸往。利见大人。

初六，进退，利武人之贞。

九二，巽在床下，用史巫纷若。吉。无咎。

九三，频巽。吝。

六四，悔亡。田获三品。

九五，贞吉。悔亡。无不利。无初有终。先庚三日，后庚三日。吉。

上九，巽在床下，丧其资斧。贞凶。

“巽”卦内容较杂，于人有大人、武人。于事有行往、田猎、用史巫、丧资斧、占日。巽，像二人并跪于几上形，训伏或服。甲骨文有字如二人并跪，盖巽之初文。卦以巽伏一义贯连各事。

巽，伏。伏于人的，对方就是使人伏的，这是大人、武人，统治者。武人掌握武装，“武人为于大君”，他可以“进退”人，使人顺服。“频巽”，伏于人的，颦眉蹙额，俯伏于人的脚下。频即颦。

二、上爻当同。旅店里有时闹鬼，商人害怕，藏在床下，又叫史巫来禳灾。闹纷纷的。商人在旅店遇到抢劫，丧失财物，他伏在床下躲起来。

六四“田获三品”，猎得三种兽，把它们饲养起来，驯服它们。

九五是几次占筮，有吉有凶，有由凶变吉。又有占日的，先庚三日为丁日，后庚三日为癸日。在这两天行事则吉。

兑　第五十八

䷹（兑下兑上）

兑。亨。利贞。

初九，和兑。吉。

九二，孚兑。吉，悔亡。

六三，来兑。凶。

九四，商兑未宁。介疾有喜。

九五，孚于剥。有厉。

上六，引兑。

“兑”卦讲国与国、族与族之间的联盟问题。古代战争频繁，故要讲究联盟，谋求解决。兑，悦本字。加心为悦，加言为说。说，古也解为悦。

六爻首先提出“和兑”，和平和谐地共同快乐。这是国与国联盟的目的。能不能和平相悦呢？有三种情况会阻碍和悦的：“孚兑”，以俘人为悦的，即战争主义者。这种人可能一时得意，而终归失败（吉，悔亡）。“来兑”，要人臣服于己为悦的，即威慑主义者。这是坏人坏事（凶）。由于有这两种国家侵略人，威胁人，所以联盟遭到破坏。“商兑未宁”，商谈争论不止。商谈无结果就会发生战争。“介疾有喜”，介，小也。小病可医，小争执可解决。这是做比较说的。说那些好战者却是死不肯变，还是要破坏和平的。“孚于剥”，剥，或者是地名，在剥地俘人。也可解为孚而剥，剥，击也。俘人，击人。“有厉”，有危险。“引兑”，引可训长，永；或引、弘形近。“引兑”就是永兑、弘兑（萃六二有“引吉”）。

涣　第五十九

（坎下巽上）

涣。亨。王假有庙。利涉大川。利贞。

初六，用拯马壮。吉。

九二，涣奔其机。悔亡。

六三，涣其躬。无悔。

六四，涣其群。元吉。涣有丘，匪夷所思。

九五，涣汗其大号。涣王居。无咎。

上九，涣其血去逖出。无咎。

“涣”，主要讲洪水为灾之卦。涣，水流盛大也。但涣从奂，奂，美也。故涣又借为焕，即奂。“涣”以涣、焕两义作连贯。“亨。王假有庙”，洪水为灾，应到宗庙祭祖求福。三、四爻的“涣其躬”“涣其群”，涣借为焕，谓要自己美好，又要群众美好。

和焕躬、焕群相反，是洪水为患。“用拯马壮”，洪水漫至，好在骑马逃跑。“马壮”，可能是跌伤。但马跑得快，终于脱险。“涣奔其机”，奔借为偾，覆败也。大水把房基淹塌了。“涣有丘，匪夷所思”，大水淹到山丘上来，真是出乎平常所想象的大水。夷，常也。“涣汗其大号，涣王居”，洪水浩浩瀚瀚地一直往上涨，人们奔跑呼号。王居建于高地，但大水淹了王宫。这是说大水淹得很高。“涣其血去逖出”，血借为惕。出借为泏（泏，水流，同于涣）。言洪水退了，忧恤已去，但还要提防水患再来。

节　第六十

䷻（兑下坎上）

节。亨。苦节，不可贞。

初九，不出户庭，无咎。

九二，不出门庭，凶。

六三，不节若，则嗟若。无咎。

六四，安节。亨。

九五，甘节。吉。往有尚。

上六，苦节。贞凶，悔亡。

“节”卦除“往有尚”外，没贞事，讲的是礼节和节约。卦辞和初、二爻讲礼节，三至上爻讲节约。“苦节”两见，因分说两事，故辞同义异。卦辞“苦节，不可贞”，不可，不利。以礼节为苦是不利的。户庭、门庭，是家内外之分。家内为户庭，家外为门庭。言礼节不行于家内还无问题（无咎），礼节不行家外就不妥了（凶）。礼节习俗形成，人人需要遵守。不守礼节则人群社会乱了。

“不节若，则嗟若”，以下说节约。不知节约就会穷苦，日子不好过，叹息。“无咎”，节约则无咎。有三种人，对节约的态度不同：一种人是“安节”，安心过节约生活的；第二种人是“甘节”，很乐意过节约生活，以节约为乐的；第三种人是“苦节”，以过节约生活为苦的。头两种人好（亨，吉），后一种人很不好（贞凶，悔亡）。以节约为苦，则骄奢淫逸，无所不为，必致丧身败家，为害社会。

中孚　第六十一

䷼（兑下巽上）

中孚。豚鱼，吉。利涉大川。利贞。

初九，虞，吉。有它，不燕。

九二，鸣鹤在阴，其子和之。我有好爵，吾与尔靡之。

六三，得敌，或鼓，或罢，或泣，或歌。

六四，月几望，马匹亡。无咎。

九五，有孚挛如。无咎。

上九，翰音登于天。贞凶。

“中孚”，讲五礼之卦。礼是由风俗习惯慢慢形成为社会生活的规矩。传说周公制礼。可能周公是做过一番整理，后来发展成为五种礼制。西周末期，五种礼制在贵族阶级中已流行，故作者用一个卦专谈它。古代社会以祭祀和战争为最大的事，卦里谈祭礼、军礼为多。行礼的精神着重忠信，故以中孚标题。中孚，忠信也。五礼中，豚、鱼是常用的祭品，故说“豚鱼，吉”。

“虞，吉”，虞礼是凶礼、丧礼。虞，安也。葬后祭于殡宫以安神。“有它，不燕”，燕、燕饮之礼，即宾礼。有疾病事故就不举行燕礼。九二爻是一首起兴式民歌，婚歌。作者引这首婚歌代表婚礼。以鹤的鸣和，兴起男女的结婚。爵代表酒。靡，共饮。六三爻战争得胜，六四月夜狩猎，都表示军礼。鼓，击鼓进军。罢，军退为罢。泣，这里指喜极而泣。“马匹亡”，马奔驰放牧。五、上爻，说以俘虏献祭和以鸡献祭，表示祭礼。“有孚挛如”，把俘虏绑得很紧。翰音即鸡。“登于天”，烧了鸡，其香味升于天。

小过　第六十二

䷽（艮下震上）

小过。亨。利贞。可小事，不可大事。飞鸟遗之音，不宜上，宜下。大吉。

初六，飞鸟以凶。

六二，过其祖，遇其妣；不及其君，遇其臣。无咎。

九三，弗过，防之，从或戕之。凶。

九四，无咎，弗过，遇之；往厉，必戒。勿用永贞。

六五，密云不雨，自我西郊。公弋取彼在穴。

上六，弗遇，过之，飞鸟离之，凶，是谓灾眚。

“小过”，以经过和过责两义作联系。有关经过的贞事较杂，鸟占为主。过责，则是谈论怎样做批评。“可小事，不可大事”，利于小事，不利于大事。大事指祭祀、战争。小事，指祭、战以外的事。“飞鸟遗之音”，飞鸟经过，给人以预兆。这预兆对在上者不好，对在下者好。“飞鸟以凶”，飞鸟经过，带来凶兆。经过之事还有六五爻上半占农业有旱灾，有密云过，却无雨。下半占狩猎，公经过兽穴捉到了兽。

三、四、上爻，论批评：“过”，责备，犹批评；“遇”，礼待，犹表扬。在家庭中，祖尊妣卑，但祖有错应批评，妣无错应表扬。在朝廷上，君尊臣卑，但君错应指出他不够的地方，臣没错应表扬。这是举例，说明批评有必要。批评有时不便责备，但也要防止他错下去，如纵容（从）他，适足以害了他。一个人没错处（无咎），就不要责备而要表扬；但如看到他向危险走，必须警告他。无错，不表扬而责备，这是粗暴方法，好比不用箭射飞鸟而用网捉，方法不对头，是坏事，将招致灾祸。说批评不对会招致灾祸，当是指斥那些对别人专事攻击的贵族。

既济　第六十三

䷾（离下坎上）

既济。亨。小利贞。初吉终乱。

初九，曳其轮，濡其尾。无咎。

六二，妇丧其茀，勿逐，七日得。

九三，高宗伐鬼方，三年克之。小人勿用。

六四，繻有衣袽，终日戒。

九五，东邻杀牛，不如西邻之禴祭，实受其福。

上六，濡其首。厉。

未济　第六十四

䷿（坎下离上）

未济。亨。小狐汔济，濡其尾。无攸利。

初六，濡其尾，吝。

九二，曳其轮。贞吉。

六三，未济。征，凶。利涉大川。

九四，贞吉，悔亡。震用伐鬼方，三年有赏于大国。

六五，贞吉，无悔。君子之光。有孚，吉。

上九，有孚于饮酒，无咎。濡其首，有孚失是。

“既济”“未济”是对立的组卦。济本义为渡水，引申为成就、成功。二卦兼用两义：有说已渡过和未渡过的，有说已成功和未成功的。但两卦对立，在“既济”中也说未济，在“未济”中也说既济；或者对比着说，有的既济，有的未济；或者从对立转化来说，从既济变为未济，从未济变为既济。

说已渡过的：“曳其轮，濡其尾”，马拉车渡河，渡是渡过了，当上岸时，车子后部往下一沉，打湿了。是既济而犹有未济。“未济”初、二爻把这两句分别说了，初爻说未济，二爻说既济。三爻直说“未济”，又说“征，凶。利涉大川”，占行旅有未济，有既济。卦辞“小狐汔济，濡其尾”，以小狐渡水为喻，小狐经验不足，它渡过去了，但尾巴却湿了。汔济即既济。

在“既济”中说未济，不成就的：“妇丧其茀”，茀是妇女的头巾，即袆。粗心大意失了头巾，是丢脸的事。不过筮占结果，“勿逐，七日得”。在短期内找得回来，未济又会转为既济的。“繻有衣袽”，繻借为襦，温暖衣服；袽借为絮，敝棉。在富人穿毛衣皮裘的时候，穷人却穿破棉烂絮，整天焦急（戒通悈），怕冻死。《诗·七月》说，农民“无衣无褐，何以卒岁？”就是没温暖的衣服，难以过冬。“濡其首”，当是渡河淹溺，有“过涉灭顶”的危险。不过没淹死，只淹湿了头。但这就是未济了。

用对比说的：殷高宗伐鬼方，虽说打了三年时间很长，但终于胜利了，是既济。可是对小人、士兵却不利（勿用），是未济。东邻（指殷）杀牛献祭，不如西邻（周人）用人牲那么得福。因为周灭了商，是东邻未济而西邻既济的。

在“未济”中说既济的：“震用伐鬼方，三年有赏于大国。”这跟“高宗伐鬼方”是同一件事，不过分开两国说。高宗，从殷人说，这里从周人说。鬼方是殷周的共同敌人，在殷西北、周东北。殷周联军征伐鬼方，殷为主力，周为盟军。大国指殷。震，动也。周人发动了不少军力和殷人一起去打鬼方，胜利后殷人赏了周人不少东西。“君子之光。有孚，吉”，光，光荣。战争胜利，获得俘虏，贵族有了光荣。

由“既济”变为未济：“有孚于（而）饮酒”，战胜，饮酒庆功。是既济。但是“濡其首，有孚失是”，是借为题，题，从页（首）是声，额也。饮酒烂醉，把头都淋湿了，醉得不省人事，俘虏有机可乘，把他杀死。这就大不济。

“既济”“未济”，组卦，主要说明事物有对立和对立转变的道理。济的本义为渡水，说济渡的是关于行旅之占。曳轮、濡尾、濡首等，是渡水的既济和未济。小狐汔济，用比喻说明济是渡水义。济的引申义为成就、成功，所占之事较杂。有“妇丧其茀”的家庭小事；有“繻有衣袽”的贫富悬殊的社会现象；有战争和殷周两国兴衰的大事。选取大小事的旧筮辞用以说明对立和对立转变的事理。

周易要论

一、《周易》的名义和编著年代

释名义

《周易》是周人的占筮书。“周易”之义，旧说有谓周为朝代号。旧有“三易”说，夏曰《连山》，殷曰《归藏》，周曰《周易》。也有说《连山》是伏羲（或神农）时书，《连山》是黄帝时书。另一说谓《易》道周普，无所不备，故叫“周易”（两说见孔颖达《周易正义》序引郑玄说）。至于“易”字之义，旧说谓“易一名而含三义，即简易、变易、不易”。孔氏《正义》引《系辞传》做了说明。这都是汉人流传的说法，其根源由于汉代儒生跟别家争政治地位和学术地位，对《周易》吹捧，说《易》道无所不包。

今按《易》一名三义之说，只有“变易”一义较有根据，合于作者本意。“周”指周王朝。考周人古远有骨卜（考古学家发现）[1]和蓍筮，后来又采用殷人的龟卜。蓍草占筮当是周人所常用。八卦来源很古，其始当为记事的符号标志，蓍筮可能很早就和八卦结合，后来才演成六十四卦。蓍筮当和龟卜一样，占后有记录，《周易》是就新旧筮辞选编而成。编著时已在西周末年。这时周道衰微，政治黑暗，有识者预感到周室将亡，王朝将变，如《国语》所载伯阳父和史伯所说（见《周语》和《郑语》）。本来，在西周初年，人们从历史演变已看到天命无常不可靠的道理（见于《周书》训、诰的不少）。到了西周末年，人们更从自然物理看到变易的道理。伯阳父的阴阳说、史伯的五行说，是这种思想的表现，《周易》的“无平不陂，无往不复”（泰九三）也是这种思想。《易》的一个思想特点就是常常从对立转变看问题。要变，周王朝要变，是《易》作者的观点。故“周易”之义应该是周室要变的意思。

考年代

《周易》著作年代，有相反的两说。旧说谓周文王著，周公续。今人也说著于周初，证据是书中说的故事最晚是“康侯

---

① 如陕西省客省庄、华县（今华州区）泉护村有卜骨，用猪牛羊的肩胛骨灼成。属龙山文化期（《新中国的考古收获》，第14页）。

用锡马蕃庶”，康侯即封于卫的康叔封，武王弟。不知《易》清楚记故事的不多。就这一卦辞论，也不能证明其为周初作，因为即使康叔用锡马配种，繁殖成马群也不是短期间的事。今人又有《周易》著于战国初期之说，主要证据谓书中有几条爻辞说到“中行”，这中行即晋中行氏荀林父。否认《左传》所载的《易》筮的历史价值，说是出于汉刘歆据《师春》窜入《左传》的。又说《论语》所载孔子读《易》的话不可靠。不知孔子引“不恒其德”的话时说“不占而已矣”，正可反证他引用的是占书即《周易》的话。《师春》久已湮没，《汉书·艺文志》不著录，到晋初盗发汲冢竹书才发现，刘歆无从见到。而“中行”也不能解为中行氏。以中行氏故事解《易》文都出附会牵强。

我们认为《周易》著于西周末年。从内容说，《易》有些话反映出贵族内讧和两个阶级斗争尖锐的现象。如“莫益之，或击之，立心勿恒”。《易》的“或”都指贵族。没有人帮助，只有贵族对别人攻击，而且居心莫测。“或锡之鞶带，终朝三褫之”，争权夺利，互相倾轧。“王臣蹇蹇，匪躬之故”，王臣处境很困难，有人在压迫他。“君子终日乾乾，夕惕若”，有的贵族谨慎戒惧，日夜不安。有的“萃有位”（悴于位）而涕泣。有的讼争，讼争失败了，他的采邑的人民乘机逃跑了（“不克讼，归而逋其邑人三百户”）。于是有不少人要隐遁，有的甚至投河自杀（“或跃在渊”）。这些只能是衰世的现象，绝不能出于周初的成康之世。作者指出“否之（是）匪人”，匪人坏类尽做坏事，走邪道。他劝人不要走邪道，做匪人（“休否”），而且号召人打倒匪人（“倾否”）。如误入歧途，就要改过自新（“先否，后喜”）。他要人不要胡行乱想（无妄）。有一些政治思想行为修养的卦，可说是针对当时的黑暗政治而发的。就因为当时的政治黑暗，坏人当道，所以有周室将要危亡，时代将要变易的感想。对坏人给以抨击，对被排挤的好人给以同情，说投河自杀者是“无咎”无辜，赞同人隐遁。《易》作者的思想和时代背景，跟《诗经》的一些“变雅”之诗很接近，表现出幽厉之世的时代思潮，主要是被排挤者的悲鸣，对坏人执政的讥评，对周室行将危亡的预感。

从形式说，也可以见到《周易》是西周末年的著作。《易》选用旧筮辞编成，旧筮辞当如卜辞，是叙述散文，然而卦爻辞却有不少韵文，这是受诗歌影响，做了艺术加工。诗歌之作，较早的都自然朴素，越后其技术文采越雕饰。《周颂》较早的多简净无华，如同散文体，有不协韵的。《易》用协韵之部，盖在诗歌盛行时受了影响因而改编。周金铭文也有这种现象。又《易》采用一二诗歌，如“明夷”的“明夷于飞”四句，“中孚”的“鸣鹤在阴”四句，这是民歌常见的起兴式的诗。不仅这样，作者还仿效民歌来创作，如“渐”卦六爻的“鸿渐于×”是。这是成书较晚之证，它不会著于周初。

《左传》载陈敬仲少时“周史有以《周易》见陈侯者”（庄公二十二年），这事约在公元前700年（陈厉公元年是公元前706年），距平王东迁只有七十年。我们从内容和形式看，认为《周易》著于西周末年，具体说著于幽王时期，即公元前782—前771年。作者是卜史占人之类的王官，和伯阳父是同时人。那位以《周易》见陈厉公的周史当是他的后人。

二、《周易》的组织体系

《周易》各卦卦爻辞看来似杂散无章，一条条好像没有联系，甚至一条之内也好像不易贯连。其实它是有其组织系统的。虽然它的原始资料是各自孤立的新旧筮辞，但作者煞费苦心把它组织编排起来，或从内容归类，或从形式联系，使它成为有组织的著作。从这点说，也可说明它是较晚的著作，因为不到文化较进步的时期，要写一部系统著作是不可能的。它的组织体系，前人也有想寻究的，如《易传》的阴阳爻位说和卦序说，是一些解释的企图。但他们失败了，因为他们的目的在于为维护统治阶级的利益而作的附会，不是对卦爻辞的分析。我们所说的组织体系，是就卦爻辞的内容分析比较而得出来的，跟古人完全不同。

原卦名

古今来说《易》者都认为每个卦必有一个文字的卦名，即各卦卦辞头一二字；如果没有单独标出卦名的，如“同人”“履”“艮”等，就认为是传抄本偶缺。这说法不确。六十四卦本无文字的卦名，每卦卦画即卦名，因卦画不易称谓，后人乃截取卦辞头一二字作卦名。卦画和卦辞是两个不同的系统，卦画为占筮揲蓍数策用，卦爻辞则是作者选取新旧筮辞编排组织而成。以龟卜为比，卦画如龟甲裂纹，而卦爻辞则同于卜辞。所不同者，卜辞是个别记录，卦爻辞则编选新旧筮辞而成为有组织的篇章。所谓文字卦名，原为每卦标题。观《左传》所载《易》筮，凡称卦名必附以卦画，可见卦画就是卦名。为称谓方便，以标题代卦画为卦名是可以的，以卦的标题即卦名，则与原意不符。标题不是卦名，还可以从称谓不一来证明，如“坎”卦依标题当作“习坎”，意为重坎，《彖》《象》二传称“习坎”。到西汉末年，《易纬·稽览图》称

“坎”又称“习坎”，可见还无定称。因为本来只为方便而截取卦辞头一二字为名，正如《诗经》各篇之名本来无题目篇名，其篇名出于后人为方便计而称的。但是卦本有卦画即卦名，而标题则是卦爻辞的题目，和卦画不是一个系统。作者标题有各种方式方法（见下），有时为了省文没有标出，不标等于标。说没文字卦名的是传抄所缺，不符事实。《周易》以卜筮书未经秦火，传授不绝，不应有缺。汉初重《易》，有今古文各家本子，经过校对，偶或有缺去“无咎”等贞兆辞之本，没有缺卦名的。“坎”“艮”为八卦之二，更不会缺。新补缺加上“坎”字为“坎、习坎”，不成文理。于是又有说“习”是衍文的，又何以解《彖》《象》二传之名“习坎”呢？且初六也说“习坎”，六爻都含有重坎之意，“习”字绝非衍文。因此可证所谓卦必有名，传抄有缺文或衍文等说，都是师心自用，没有理据。

古书篇章，起先没有题目，后人截取篇章首句之字为名，如《诗经》之“关雎”“卷耳”，《论语》之“学而”“先进”之类是。到战国中后期就分篇命题，如《庄子》内篇、《荀子》各篇是。奇怪的是，《周易》于诸书为早，而卦必标题，只有几个卦为了省文没有标出，不标等于标，因为作者有他的各种的标题法。为什么他要标题？因为他所根据的新旧筮辞是很散乱的，不标题就很难看出各卦的内容意义。他的标题有各种方式方法。约略有这几种：

（一）从卦的内容标题。如“大有”为农业丰收。“小畜”“大畜”为农业生产、农业生活。畜是蓄的简体字；蓄，从兹、田，即田里滋生谷物。“乾”“坤”，属此类。乾借为斡，北斗，代表天。坤为地。后代篇名多用此法，如《庄子》的《逍遥游》《齐物论》，《荀子》的《劝学》《天论》等是。

（二）以内容标题。而又用卦中多见词为联系，多见词和内容一致。如“讼”讲讼争，“师”讲师旅，“谦”论谦德，“临”讲临民治术，“晋”讲战争的进攻。

（三）内容讲一类事或一件事，以卦中多见词为联系，但这多见词是一词多义的，不是一个意思，标题和内容也不相应。如“贲”讲一件对偶婚亲迎的过程。贲的本义为装饰，又借为奔，为豮，贲和内容无关。“井”讲一件阶级斗争故事，井有三义：井田、水井，又借为阱（穽）。井和内容无关。

（四）内容讲一类事，用一词一义的多见词标题，词义相同但和内容不相应。如“丰”，训大屋，内容讲行旅事，丰和行旅不相应。“渐”讲家庭事，而渐义为进。进和家庭无关，只是作者仿效民歌起兴式而截取其中一字作标题。

（五）内容复杂，用一词多义的多见词标题，词义和内容不相应。如“大壮”，壮为壮力，又借为戕，内容讲行旅、田猎、养羊等事。“明夷”，内容讲行旅、田猎等事，明夷二字意义最分歧，有合言有分言，而意义又不一。明夷和内容各不相关。

（六）内容复杂，标题的词义相同，多见词，以一词一义贯连各事。如“屯”义为难，内容讲各种难事。“习坎”为重坎，内容讲各种重坎之事。

（七）组卦。两卦共为一组，互相对立而又互相转变，内容复杂。三对组卦：“泰”和“否”，“损”和“益”，“既济”和“未济”。

辨卦、繇

卦辞爻辞，春秋《易》筮统名为“繇”，并已用卦象、卦德来解释。如说“震”为车，为足，为兄，为雷；“坤”为土，为马，为母，为众，是卦象。说“屯”固，“比”入，“坤”安，“震”杀，是卦德（见《左传》闵公元年辛廖语）。又说“坤”为布帛，“乾”为天，为金玉，“巽”为风，“艮”为山，为门庭，是卦象（庄公二十二年周史语）。《说卦传》是汉儒集新旧的卦象卦德说而编成的。但春秋时人说《易》，主要还是根据卦爻辞针对占者的身份，占问的事、时间、条件等来解释。如果占者是坏人，占者身份、行为不好，即使占得吉辞，也不一定好（见昭公十二年子服惠伯答南蒯的话，和襄公九年穆姜自己的解释）。

封建时代写的《易传》，主要是从卦的爻位来解《易》文的。以后说《易》的不外是这一套纲常伦理为统治阶级宣教的说法。在春秋时还没有或者很少这种话，连爻位的初至上的字样也没有，只说某卦"之"（变）某卦，因为卦爻仅为揲蓍数策用，和卦爻辞无关，根本没有君臣上下之分。卦和繇是两个系统，不能用爻位来解释卦爻辞。在原始用八卦卦画来作为标志自然界八种事物时，可能有乾天、坤地、坎水、离火等的象征意义，但在《周易》编著时已多不取卦象，坎为坑穴，离为罹难，巽为伏，艮为颈，兑为悦，八卦有一半以上不取象。但社会日益发展，人事日益复杂，沿着取象之法，于是有乾为金玉；坤为马，为母，为众；震为车，为足，为兄等说法。沿着卦义（德）的意向，于是又有屯固、比入、坤安、震杀等说法。这是一种发展推广的应用。在《易》原来所无的，不妨按照它的象征和意义两条路线推广下去，作为社会人事的说明。春秋时人的卦象、卦德说，是这样形成的，以后又一直推广下去。于是又进一步，原来卦画和繇辞无关的，又牵强附会而成为有意义的结合了。这就是《易传》的爻位说。其说解的时代背景是封建社会。原来卦爻辞是奴隶社会因事而占的记录，一变而为封建社会的纲常伦理。原来是卦画为卦画，繇辞自繇辞，这时卦画和繇辞仿佛就是一个系统。但就卦爻辞的本来意义说，这种纲常伦理的说教是没有的。它只是奴隶社会生活的纪实，以及作者总结经验和针对当时政治而发的议论。卦画和繇辞两个系统，牵连而成为等级纲常的说教，其不能说解《易》文，无当于《易》义，自是显然的事。并不是说卦爻辞好，《易传》坏，不过是说它们彼此不同，卦爻辞反映的是奴隶社会的生活和思想，《易传》反映的是封建社会的思想而已。

析辞类

卦爻辞大别之可分三类：1.贞事辞，2.贞兆辞，3.象占辞。贞事、贞兆，是主要的。卜辞不外贞事、贞兆，无象占。卜辞备载贞卜时间、贞卜的人，卦爻辞原来当有，作者选编为占书，没有记贞时和贞人的必要，故删去。又卜辞一辞一卜，而卦爻辞有一辞数占的。卜辞是原始的孤立记录，卦爻辞每卦成有系统的组织。有事才占，占后记所占之事，是为贞事辞。占必有吉凶兆示，是为贞兆辞。象占本与筮占不同类，象占由于天启，神灵对人的预告，人见到天启的异象，而求其吉凶。蓍筮是人利用一种工具向神请示。但古人对于每一种占卜都不能单独地决定所占的吉凶，故龟卜蓍筮等必用三个人同时占卜，互相参对，取其多数来定夺。象占而又蓍筮，即互相参验之意。春秋时人又卜又筮，也是互相参验。有时象占而又卜又筮的。《易》载象占，即是此意。

贞事辞　单记贞事的如“履霜，坚冰至”（坤初六），记行旅过程情况和时间。“乘马班如，泣血涟如”（屯上六），记劫夺婚事的战斗。卦爻辞以一辞一占为主，但也有两个以上的贞事。如坤卦辞：

（1）元亨。（2）利牝马之贞。（3）君子有攸往，先迷，后得主。（4）利西南得朋，东北丧朋。（5）安贞吉。

（1）贞兆。（2）农业或牲畜之占。（3）占行旅。（4）占商旅。（5）占安居。除贞兆，就贞四事。

贞兆辞　单记贞兆的。如“乾。元亨。利贞”（乾）。乾，标题，“元亨”“利贞”，两贞兆辞，吉兆。“悔亡”（大壮九四），凶兆。贞兆有连说吉的，有连说凶的。奇怪的是，有吉而又凶的，凶而又吉的，有又吉而又凶，凶而又吉的，并记。如：

孚兑。吉，悔亡。（兑九二）

晋其角，维用伐邑。厉，吉；无咎，贞吝。（晋上九）

吉凶并记连记，有两种可能。或者是不同人不同时之占，如贞事之有两事以上的记录，它可能和贞事无关。或者是事情有变化，吉凶有变易，例如“乾九三”之“厉，无咎”，说君子日夜谨慎戒惧，终于转危为安。“孚兑”以俘人为悦者虽一时得志而终归失败，故说“吉，悔亡”。

值得注意的是，贞兆辞除作贞兆用外，作者有时还用作说明或批评事理人物，如“师出以律，否臧，凶”（师初六），此言行军要有纪律，纪律不好则打败仗。凶是失败，非贞兆。“萃有（于）位，无咎”（萃九五），劳瘁于职位的是好干部，这“无咎”是说即使遭逢不幸（连上下文说）也不是他有错。“或跃在渊。无咎”（乾九四），是说有投河自杀的贵族，他本来无罪的。这“无咎”是作者给他的评语。

象占辞　象占是我假定的，包括《汉书·艺文志·数术略》所说自天文至杂占五种。大约可分两类，一类是自然界所显的异象，如天文、五行之类；一类是在日常生活上所见的异象，如杂占，以梦占为多。《易》有星占、蛇斗、谣占、鸟占、梦占和身体祸伤之占等。如“乾”说龙，是龙星，天文占。“丰”卦说“日中见斗”“见沫”，斗、沫犹言大星、小星。白天见到，因占。坤说“龙战”即蛇斗，“离”说“黄离”是鸟占。“履”卦说“履虎尾”，有时咬人，有时不咬人，是梦占。这些都是象占，记象占是和蓍筮互相参验的。“剥”卦说“蔑贞”，蔑和梦，一声之转，相通，《穀梁传》昭公二十年经：“曹公孙会自梦出奔宋”，《释文》：“梦本或作蔑。”是梦蔑相通之证。《易》明说梦占。“剥床以足”，农民为贵族造车子车厢（床），击伤了脚。这是梦占之事。古人对于梦和现实是不分的，以为梦是灵魂离开身体活动的，也即自己的行动。

除贞事、贞兆、象占三类辞外，还有小部分辞属于：1. 说明语。如“比”卦的“原筮”。原筮是三人同筮、并筮。以并筮说明比有比并之义。“蒙”：“匪我求童蒙”，以童蒙说明蒙有愚昧义。2. 理论语。“无平不陂，无往不复”“观颐，自求口实”是理论语，非筮辞。3. 比喻语。“硕果不食”，比喻农民被剥削。“飞鸟离之”，比喻批评的不运当。4. 引用语。“中孚”引一首婚歌代表婚礼。“泰”“否”两卦引谚语“拔茅茹，以其汇”，指出知类不知类，是泰否之别。这些都非筮辞。

论体系

《周易》主要是编选新旧筮辞而成，这些筮辞是孤立的散乱的。经作者匠心编排，编成一部有组织系统的著作。它的组织体系，从内容说可得以下几点：

第一，卦的大多数，每卦讲一类事，有一定范围，或比较有一定范围。例如：

（一）讲农业生产、农村生活的："蒙"卦讲斩伐草木，开垦土地。"小畜""大畜"讲农业生产、农村生活。"大有"讲农业丰收。"颐"讲垦殖解决粮食问题，反对抢掠。"涣"主要讲水灾。

（二）有关行旅和商旅的卦："需"讲行旅的遭遇。"随"讲商旅的遭遇。"复"讲出门回来各种情况。"睽"讲旅人在路上所见所遇。"丰"讲行旅所遇。"旅"讲商旅。

（三）关于战争军事的卦："师"讲军纪和战争各种情况。"同人"讲聚众打仗。"离"讲防备、敌人袭击和复仇战。"晋"讲进攻战术、士兵质素和战备。

（四）有关政治问题、阶级斗争的卦："讼"讲贵族内讧，也提阶级斗争和生产斗争。"比"讲国内外的亲比，并讲阿比之害。"临"讲临民治术。"观"讲政治上如何观察。"剥"讲阶级剥削。"遁"讲隐遁不仕者。"井"讲阶级斗争。"兑"讲国际联盟问题。

（五）婚姻家庭之卦："蛊"讲儿子继承父业。"贲"讲一件对偶婚的故事。"家人"讲各种家庭。"渐"讲一个贵族家庭的情况。“归妹”讲姊妹共夫婚姻。

（六）有关行为修养之卦：“履”讲对待问题的态度。“谦”论谦法。“豫”谈思考。“无妄”，诫勿妄行妄想。“节”谈礼节和节约。“小过”讲怎样对待人，批评人。

（七）关于生活和礼制：“噬嗑”，关于饮食和由饮食引起的问题。“恒”讲日常生活。“鼎”，有关饮食之事。“中孚”讲五礼。“节”讲礼节和节约。

（八）科学知识和迷信思想：“震”讲雷电和人们对雷电的看法。“艮”讲注意保护身体。“坤”，对大地的认识。以上三卦近于科学知识。“乾”，天文占，天人感应思想。“咸”“姤”，象占。以上三卦是迷信思想。

第二，少部分卦内容较复杂，用一词把它连贯起来。如“屯”，屯者难也，讲各种困难之事。“大过”，讲各种太过之事。“坎”讲各种有关重坎之事。“大壮”，壮为壮力，又借为戕，以二义连贯行旅、田猎、饲羊之事。“明夷”二字义最分歧，或分言或合言，以之连贯行旅、田猎等事。“蹇”，难也，以难不难、难变不难为连贯。“解”，解开又借为懈，以二义连贯行旅、田猎、商旅、俘虏等事。“夬”是快本字，有快乐、快速二义，连贯寇戎、行旅、商旅等事。“萃”，借为悴或瘁，有忧悴、劳瘁二义，连贯祭祀、俘虏、职务等事。“升”，讲征战、进升、升虚邑、祭山等事。“困”，困辱、困苦，讲刑狱、敌寇、俘虏等事。“革”，有皮革、变革二义，讲祭祀战争、俘虏等事。“巽”，训伏或服，讲大人、武人、田猎、商旅等事。“坎”，以重坎联系打鱼、俘虏、耕植等事。

第三，内容复杂，用三对组卦对应和对立转变之理讲各事。组卦有“泰”和“否”，“损”和“益”，“既济”和“未济”。

第四，标题。每卦于卦辞前标题，少数几卦为省文不标。按其方法方式看，不标等于标，如“否”不标，但“否”与“泰”为组卦，又用多见词，可知以“否”标题。“渐”卦用民歌起兴式作“鸿渐于×”语，截取“渐”字为题，可见作者有意标题。标题的方法方式见上。

三、《周易》的内容

溯社会

《周易》的价值在它记录了古代社会史料。作者编选旧有筮辞成书，反映的社会生活颇长，主要是奴隶社会史料，也有相当古远的遗迹。

一、《周易》所反映的生产斗争

生产工具、生活资料：用作打猎的工具主要是弓矢，其次是网。矢用铜镞，叫金矢也叫黄金。制弓知道选用上等材料心木，即柘木。“获明夷之心于出门庭”，明夷，好弓名，和《考工记》说的王弓、唐弓义近。“君子用罔（网），小人用壮”，贵族用网网兽，人民则徒手捕兽。农具必有刀斧耒耜等。考古学家在陕西西安半坡文化遗址发现仰韶文化期已有石制的斧、铲、刀等农业工具。[①]“蒙”卦说伐木击草，开垦土地。自然用刀斧。“资斧”，钱币，仿农具铸造的。“大有”之有从手持月，这“月”是耒耜。工艺方面，能造车子，当然有一套工具。“浚恒”，常常挖土，自有挖土的工具。盖宗庙、大屋，工匠又有他们的工具。有“金柅”，可见有纺车。“黄裳”，衣服染色，“茅茹”是红色染料。“繻有衣袽”，有温暖衣服，有敝棉衣，富人和穷人穿得不一样。有簪笄，有头巾（茀），有屦、带、囊、徽纆、樽、簋、缶、瓶、瓮、匕、爵、鼎等。以陶器为主，铜器还不多。西周前，周人文化比不上殷人。

交通工具：贵族用的车子征用农民去给他造。“见舆曳，

---

① 《新中国的考古收获》，第7页。

其牛掣”，拉了不少东西，车子一定相当大。“金车”，囚车。用铜镶，更结实了。“舆说（脱）辐”，车轮子会掉的，就不够好了。“曰（日）闲舆卫”，打仗的车子更好了。渡河有时要用匏瓜，船不会多。但常占涉川，当然有船。

建筑物：建筑物按年代而逐渐发展。看“需”卦说行旅客人晚上投宿，到的是穴居地下室，当是较早的情况。后来旅客到一个地方一定要找招待客人的主人，有时找到的还是女的。有时找的是常招待他的老房东（丰卦）。再往后，商业发展，就有旅馆了（旅卦）。又建筑物有宗庙、王居等大房子，有一般人住的普通房子，有农民住的庐舍。有些房子虽大，但是房顶仍是用草盖的。大概房子那时用草泥土盖房顶是很普通的（丰卦）。考古学家发现半坡文化遗址的房子的顶和墙壁是用草泥土涂的。① 房子有栋桷，但如用瓦或石片做顶便会压坏栋梁的（大过三、四爻）。陕西周人多住窑洞或地下室。房子有门庭户牖等布置。有城邑，贵族所居，建于高地。商场旅馆也在城邑。“震”说到商人“跻于九陵”，当是到九陵山商场去。城有墉墙，外有隍（护城濠）。民居有巷，是聚族而居，不少人在一个村子住。为了防备敌人抢掠，和邻人联结共同防御，村子大概彼此相隔不远。

---

① 《新中国的考古收获》，第9页。

渔猎：关于打鱼的只有三条，一则下水是件险事，坑里又有坑；二则打鱼只是“小得”，得的不多，又小（坎前三爻）。但鱼却是五礼常用的东西，“豚鱼吉”（中孚）。用的时候只好去射鱼（贯鱼）。射鱼很不容易，“井谷射鲋”（井二）意思是射不到。田猎则是常事。约分为三个阶段。

在头一阶段即渔猎时期，“田无禽”，“不恒其德（得）”。这时人们会挨饿的，靠打猎获得的东西来维持生活是靠不住的（恩格斯语）。因为不能常得，人们学会了贮藏食品的方法。“雉膏不食，方雨亏悔”，下雨天不能打猎，有雉鸡肥肉也没敢吃，制为“腊肉”“干胏”（胏，有骨的肉）。打猎工具最早用石块棍棒，后来用弓矢，或用网用阱。有力气的徒手捉。不过到山深林密的地方，要有有经验的老猎户才能进去，不冒险。第二阶段是把活捉到的幼小野兽饲养起来，慢慢变成家畜。“巽”卦说“田获三品”，巽义为伏，意为把三种兽驯养它。猎获的禽兽有雉、隼、狐、鹿、山羊，还有虎豹，有“大首”兽。后一阶段已是牲畜和农业时期，陷阱已有填平了，但照样打猎。这时打猎的意义不单为食物，而是有练武打仗的作用，在讲军事的卦里也提田猎。田猎和军事同一范围。这时最高统治者以打猎为一种娱乐。“王用三驱，失前禽”（比九五），叫侍卫队从三面驱兽到中央来让国王射猎，留前面不围。

牧畜：周人牧畜业相当发达，很注重家畜的驯养和繁殖的方法。1. 六畜俱备，可见从狩猎到饲养经过很长的时间。没说犬，但从狩、获、狱、阒等字可见犬已作为助猎和守门的助手，驯养时期很早。2. 马的用处最大，乘骑用，打仗用。牛拉车运输。皮做革。祭祀用。牛羊豕鸡都用作祭品。3. 驯养法："童牛之牿"，童借为犝，公牛，喜触人，故用木枷架着它的头。"豮豕之牙"，豮，大猪，喜奔突的猪，也用枷架着它的嘴巴。驯养了就自由放出去，"见豕负涂"。羝（公）羊关在栏里，但它往往把篱笆触坏。4. 蕃殖法："康侯用锡马蕃庶，昼日三接"，康侯用一天三次交配法蕃殖马群。锡马当是良种。"良马逐"，选良种马交配。"畜牝牛吉"，多养牝牛。"羸豕孚蹢躅"，羸豕，母猪。孚，乳子。

农业：考古学家在西安半坡遗址发现在仰韶文化期已有粟，一个窖里有成堆谷壳，还有白菜芥菜菜籽，证明周人很早已进到锄耕生活，以农业经济为主要生产。在《诗·生民》篇把他们的始祖后稷描写为农业英雄。在《易》有几个卦专讲农业，对农业有宝贵的经验，可以说明他们农业的发展。1. 开荒垦殖。"蒙"说开荒垦殖，发伐包困（捆）当是割草，童（撞）击当是砍树。用刑人开垦，已是奴隶社会的事。2. 由渔猎到农业生产。“坎不盈，祇（坻）既平”，犹言坎坑不必都填满，山丘锄平为种植。又说“拂经于丘”，拂经借为荆径，开斫道路，在丘地开路即垦田。径即田间阡陌。3. 农民生活。农民在地里劳动就在田头吃饭，“不家食”。一天劳动完，踏着阡陌回家。收割了用车子把庄稼拉回去。4. 水旱问题。“涣”卦主要说洪水为灾，洪水把庄稼淹没，人畜死伤。说旱的多，“密云不雨”是旱，“匪其彭”（大有九四）即咈其尪的通借，是曝巫求雨。有几卦提到“艰贞”，艰从𦰩，古旱字，占旱。“既雨既处，尚德载”，德载借为得栽，言雨下得及时还可栽种。5. 发展牧畜。“大畜”农业卦，又说“良马逐”和驯养猪牛，是兼营牧畜。6. 防卫问题。农业生产最怕敌人来抢掠，几个农业卦都提到这个问题。“有孚”就是把敌人打退，捉到俘虏。有时失了警惕，“不戒以（而）孚”，被敌人俘虏了去。所以要联结邻村共同防御，日日练兵，“曰（日）闲舆卫”，要反对抢掠——“颐征，凶”。7. 土地所有权。奴隶社会土地全归贵族。“密云不雨，自我西郊”，“我”是贵族自称，土地是他的，故说“我西郊”。农业丰收了，天子大排筵席欢宴群臣庆丰收，而“小人弗克”，农民没份儿。8. 宝贵经验。提高警惕，练兵习武，联结邻人，这都是宝贵经验。作者总结经验还提出：“观颐，自求口实”（颐），认为自己生产是解决口粮的唯一办法。“无交害，匪咎；艰则无咎”（大有初九），认为要丰收，首先不要互相侵害；不侵害，即使天旱也不要紧。前一条有自力为生意味，后一条近于人定胜天思想。还提出“不利为寇，利御寇”（蒙上九），反对侵略，主张防御。

商业：在畜群蕃殖为贵族所拥有财产时，在畜群蕃殖又有农业生产可供食用有剩余物资时，商品交易就开始而逐渐发展。卦爻辞反映的商品贸易是很长期的事，西周前很久以至西周末年都有。1. 从商品说，牛羊是早期的，奴隶是晚期的；从货币说，朋贝是早期的，资斧（铜币）是晚期的；从旅寓说，借住人家找招待的“主”人是早期的，有旅馆客舍是晚期的。2. 贵族经营商业。“旅于处，得其资斧，我心不快”，“我”是贵族，做买卖的一直是贵族。一则奴隶会逃亡，不敢叫奴隶去，尤其是贩卖奴隶；二则做买卖要有机智，而奴隶被看作愚蠢的。3. 合伙经营。“牵羊悔亡，闻言不信”，闻言借为问愆，买卖失利，有问罪的，自是合伙的人。4. 做生意是冒险的。“负且乘，致寇至。”“官（馆）有渝”，发生事故。“旅焚其次，丧其童仆。”“随”卦说“系小子，失丈夫”，“系丈夫，失小子”，当是大奴隶、小奴隶。“巽在床下，丧其资斧”，人躲过，钱失掉。5. 商人足迹所到，东南西北都去。“利西南得朋，东北丧朋”，西南多周人友邦，故得利，东北多周人强敌，故丧朋。6. 商人心理。“随有求得”，为赚钱才出门。“旅琐琐，斯其所，取灾”，多疑，离开旅馆反而遭殃。“震六二”描写商人冒着大雷雨往市场跑，顾钱不顾命的狼狈相，很深刻。

二、社会斗争

卦爻辞所反映的是奴隶社会，虽然还有原始社会的遗留，如对偶婚、劫夺婚之类。奴隶和奴隶主两个阶级对应，斗争尖锐。贵族内讧。家庭也分为两个阶级，男性统治。战争频繁，或俘人为奴，或以俘虏作祭品。贵族拥有土地所有权。社会贫富悬殊，自由民有欠债而沦为奴隶的。国家成为阶级压迫的机构。

阶级和阶级斗争：1. 统治阶级有天子、王、公、侯、大人、君子、武人等；被统治阶级有小人、邑人、刑人、童仆等。2. 家庭也分为两个阶级，男性统治，有父、丈夫，奴隶有妇人、臣、妾。3. 统治者的压迫剥削：贵族有采邑土地，开垦土地和耕种，驱使奴隶去干，收成归贵族所有。打仗征发奴隶、农民去打，胜利则贵族“开国承家”受赏，农民无份。征调农民做徭役。采邑主随便刑罚邑人。家庭奴隶犯小错就受大刑。4. 贵族畜养臣妾，有的是自由民欠债还不起沦为奴隶的。父权家长制家庭，妇女是奴婢，整天忙于家务，而男子不做事，作威作福。5. 奴隶起来反抗，有的逃亡（讼九二），有的面对面斗而得到胜利（井）。俘虏有的死不肯投降做奴隶，有的找机会逃跑，有的把奴隶主打死。6. 家庭妇女也有趁丈夫入狱而逃跑的。7. 贫富悬殊。贫苦家庭，饥寒交迫，而富贵之家则嬉笑骄逸。8. 贵族内部斗争激烈，排除异己，争权夺利。有的隐遁不仕，有的甚至被迫自杀。

战争：古代战争频繁而且惨烈，有抢掠粮食而侵犯别人，有捉俘虏做祭品，主要是虏人为奴。有实行三光政策：杀光，烧光，毁光。人们为了防御，天天练兵，联结邻人，常常警备。这样有时还免不了被敌偷袭。稍一疏忽便会遭殃。敌人来了，全族出动，男子上前线，妇孺在后方。被敌人侵犯了就作复仇战攻打敌人。慢慢懂得各种战术战略。归结出一个总原则："不利为寇，利御寇。"讲究外交，跟政治开明的国家联盟，希望和谐共悦。

祭祀：古代祭祀和战争是两件大事。《易》没有祭祀专卦，散见各卦。有事必祭，尤其有忧患必祭祀祖先。打仗前必请命于祖。周人祭祀对象没说多少，因为这是统治阶级的事。有最高神——上帝，这是人间最高统治者的反映。在王国时只有王有资格祭上帝，当然以后是天子。其他贵族没这个资格。地祇只有山，“王用亨于岐山”或“西山”，这是西周前的事，王是太王或文王。也只有王有资格祭山。常占“利涉大川”，却没祭川。坤，汉人写作巛，或解为川，以川为地，却不祭地。周人主要祭宗庙祖先。也有王母特祭。祭牲多用俘虏，也用牛、豚、鱼、鸡。

婚姻、家庭：卦爻辞中所记的婚姻有相当原始形式的残余。家庭主要是父权家长制。1. 对偶婚和劫夺婚。“屯”的二、四爻，“睽上九”和“贲”卦全文，说的是对偶婚姻。对偶婚源于原始社会晚期，文献少见，“贲”记迎新全过程，尤觉可贵。“屯上六”“蒙六三”的“泣血涟如”，“见金夫，不有躬”，是劫夺婚。劫夺婚和对偶婚同时出现，故于对偶婚时说“匪寇，婚媾”，以明两者有别。2. 姊妹共夫婚姻和买卖婚或收继婚。姊妹共夫也是很早的婚制。在我国春秋时的媵婚仍有其形式而略有不同，是贵族阶级的多妻制。“归妹”所记是较早的姊妹共夫，其中有殷帝乙以女嫁于文王的史实。“大过”的老夫女妻、老妇士夫是买卖婚或收继婚。在当时中国邻邦如匈奴等族有收继婚的奇俗，母嫁子甚至有祖母为孙子妻的。春秋时有子烝庶母的，是此制的变形，年龄不登对。3. 一夫一妻制。“小畜九三”的“夫妻反目”，是农民的一夫一妻。“鼎九二”的“我仇有疾”，是贵族的一夫一妻。4. 入赘婚。“丰初九”的“遇其配主，虽旬（姰）无咎”，可能是男入赘于女家。5. 父权家长制家庭。从“蛊”所说儿子继承父业，不干母事，“家人”的男不做事，女忙于家务，奴隶是成员之一等，可见家庭是父权家长制。妇女沦为奴隶，成为对立阶级，所以“贞妇人吉，夫子凶”，利害对立。男子入狱，妻子逃亡（困六三），当是由于不堪压迫。“丰上六”：“窥其户，阒其无人。三岁不觌”，男子久客不归，女子也就不空房独守了。尽管房子很好。

统治机构：阶级社会，国家是一个阶级统治压迫另一个阶级的机器。土地、武装、刑狱等实力机关是压迫的工具。“大君有命，开国承家”，土地为国王所有，他可以把土地分给其他贵族。“井”卦说阶级斗争，国王把采邑的领主调换。“武人为于大君”，武人掌握武装，可以做大君。“进退，利武人之贞”，武人可以指挥人的进退。“王假有庙”，“王用亨于岐山”，国王掌握军权（“王用出征”），也掌握宗教权。“利用狱”，贵族可以随便把奴隶关到牢狱去。古者刑不上大夫，刑狱是专为压迫人民的。奴隶犯小小错误便施加大刑。采邑主丢了条牛，邑人就受灾。奴隶叫作“刑人”，奴隶主把他烙额、割鼻以至敲断腿，至少把手脚架上刑枷。一国有许多官吏，“观我生”，“我生”是国王亲族的百官，“其生”是他族疏族的百官。一国有不少氏族部落，部落头领结成一个贵族集团，骑在人民头上。

明思想

毛泽东在《实践论》中说：“人的认识，主要地依赖于物质的生产活动，逐渐地了解自然的现象、自然的性质、自然的规律性、人和自然的关系；而且经过生产活动，也在各种不同程度上逐渐地认识了人和人的一定的相互关系。”又说：“人的社会实践，不限于生产活动一种形式，还有多种其他的形式，阶级斗争，政治生活，科学和艺术的活动，总之社会实际生活的一切领域都是社会的人所参加的。因此，人的认识，在物质生活以外，还从政治生活文化生活中（与物质生活密切联系），在各种不同程度上，知道人和人的各种关系。”“各种思想无不打上阶级的烙印。”

时代到了西周末年，《易》作者的时代，人们的认识已一步一步有所提高，作者在政治生活中是感受很深的，在贵族内讧、阶级斗争中，他看到了不少问题。他“明于忧患与故”（《系辞传》语），既为时代问题而思索，又总结经验，因此，他的直接和间接的认识，有相当高的水平。

科学知识：作者是占卜官，天人感应的迷信思想颇浓，不会有多少科学知识，但我国的天文学（和农业生产密切联系）和医学发展较早，他会吸取别人一些知识的。在“震”“艮”两卦表现了这一点。“震”讲雷电，有破除迷信的思想。他认识到天空的电会通到地里去。“震遂泥”，遂借为队，即坠。雷电坠到泥里钻入地下。这是当时所能了解的雷电知识，但这已不简单。作者分析了人们对于雷电的几种看法：第一种人是迷信的，听到雷声就害怕，认为有雷公会打死人，打死有罪的人。作者认为人被电死是有的，那是刚好碰上天电通到地里去，并不是因为这个人有罪。第二种人是商人，商人不怕雷电，因为他在雷雨时只想到他的货物会不会受损失，不顾危险往市场跑。第三种人是天文学家，懂得碰到雷电有危险，所以很谨慎小心，不乱跑，但他知道没有雷公打罪人这样的事，在雷声很大的时候他态度很镇定。第四种人起先是害怕的，由于观察和经验，也看到没有雷公，他也就不怕了。这种分析颇有科学精神。“艮”，讲注意保护身体。内容要点是：1. 要注意全身，不单顾局部。2. 各部也要注意，不分上下大小。3. 身心兼顾，注意身体也要注意思想。这很合乎医学精神。

政治思想：作者的政治思想，一方面针对当时的黑暗政治而发，一方面总结经验，提出自己的政见。他看到贵族内讧的情况，对被排挤的人很表同情，说被逼自杀者是无辜的（“无咎”），说“王臣蹇蹇，匪躬之故”，意在言外，指有人在陷害他，令他处境困难。指出“莫益之，或击之，立心勿恒”，这种排挤人的现象是“凶”险的。说“比之（于）匪人”会没命（“无首”）的，是“凶”的。说“否之（是）匪人”，告诫人不要做匪人（“休否”），大胆地号召打倒匪人（“倾否”）。在阶级斗争上，他把采邑主丢失了牛而冤枉邑人作为暴行妄动的事例（无妄六三），说邑主压迫邑人，邑人反抗，国王把邑主调走，是王的明智（井九三）。他很赞同隐遁不仕的人，但又认为贤人都引退了却是危险的（“遁尾，厉”，尾，尽也），很为周王朝担心。他的政见，表现于“临”卦，提出要用宽和政策、感化政策（“咸临”），反对钳制压迫人民。又提出为君的要躬亲政治（“至临”），要有智慧（“知临”），要敦厚诚朴（“敦临”）。五正一反，作为评判统治者的标准。这是在周初的统治思想上加以详细说明，并做了补充。例如“知临”，表现在“观”卦的，认为眼光短小思想幼稚是不好的；要以百官的意见为进退，集思广益；要和国外的开明政治的国家联结；既要看亲族的百官的意见，也要看他族百官的意见，不分亲疏。表现在“比”卦的，要求上下亲比，国内外亲比，但不能和匪人所比，营私结党。“兑”讲外交，要求联盟，反对侵略。作者是开明的政治家。

行为修养：和政治思想相联系，政治上反对匪人，在行为修养上提出一些正当的标准。在“履”“无妄”“豫”等卦，要求人对于行为要重视，反复周详考察自己的行为思想。要纯洁，要胸怀宽广。不要急躁。不要轻举妄动，胡思乱想。思考问题，要深思熟虑；检查言行，但不能狐疑不决。在生活上，要懂得规矩，不能任意；要节约（“节”卦）。谈到谦德，谦虚谦让是好的，但谦是有条件的，不是什么时候，对什么人都谦让，例如对敌人，抵抗侵略，就不能谦让，谦让就成为投降主义者，是懦夫。所以，谦还要以明智为指导，以勤劳为基础，要奋发奋勇，就是谦要与明、劳、㧑三者相结合（“谦”卦）。还有对待人的态度问题，一般说，态度要率直，不能虚伪。好的表扬，错的批评。有时不便批评，也要防止他错下去，放任自流，有害无益。没有错的，不要责备而要表扬。但不是说现在没错，以后也没错，要戒其将来。为没错而乱批评，那是态度粗暴，有害的。

对立转化观和具体分析：西周末年一个思潮，就是从自然物理看到对立转化的道理。这时政治黑暗，灾祸繁多，人们认为王室要亡，时代要变。“无平不陂，无往不复”

（泰九三）。《易》作者这种思想常常表现出来。三对组卦，“泰”和“否”、“损”和“益”、“既济”和“未济”，就是以对立和对立转化来组织的。它们是对立的，但又会对立转化。例如，对敌警戒，做了防备，就安泰无事；失了警惕，“不戒以（而）孚”（泰六四）就遭殃。“先否后喜”（否上九）误入歧途，做了匪人，如果悔悟，改过自新，那就由否变泰。“损其疾，使遄有喜”（损六四），病是损，祭祀而疾愈，是损变益。“莫益之，或击之，立心勿恒”（益上九），贵族内讧，专打击别人，把政治搞得一团糟，那就由益变损。“东邻杀牛，不如西邻之礿祭，实受其福”（既济九五），殷周都祭神求福，结果殷由盛而衰以至灭亡；周由弱而强灭殷而有天下。作者有时是用贞兆辞说明转变的，如“孚兑。吉，悔亡”（兑九二），以俘人为悦的侵略主义者，虽一时得意而终归失败。“家人九三”说两种家庭，“家人嗃嗃”的穷苦之家，眼前很不好过（悔、厉），将来会变好（吉）。“妇子嘻嘻”的富贵之家是要倒霉的（吝）。有时又用“……往……来”句式说转变。如“小往大来”为泰，由小变大。“大往小来”为否，由大变小。“蹇”卦多用这种句式，“往蹇来誉”，由难行变安行。“往蹇来反”，由难变顺利。总之对立转化是作者的主要思想。另一思想也很宝贵，就是具体分析，分别处理。在“损”卦有三句话表现这种思想：“酌损之”，“弗损，益之”，有时要看情况酌量减损；反之，有时不能损而要益。但有时又和上面情况不同，“弗损益之”，不要损也不要益。事理就是分这三方面处理的。在“革”卦说，“巳（祀）日乃孚”，祭祀需要人牲才捉俘虏。但又说“巳日乃革之”，祀日也可改变。正如“观”卦说，因俘虏受伤临时取消祭牲。祭祀大事，也可以改变酌减，就是要看情况处理，不能执一。

四、《周易》的文学和文字训诂问题

读艺术

卦爻辞除采用民歌外，又仿民歌起兴式创作一个“渐”卦，全卦用韵（一句补足语“利御寇”除外）。此外有不少协韵的卦爻辞，可见作者对艺术很重视，在文字上做了艺术加工。西周末年，诗歌风行，不少贵族写诗歌讽刺时政。收在《诗经》里已有不少，其他散失的一定还很多。《易》作者也受这风气的影响，把原来散文式记事文改成韵语。全书押韵的约共125条（见拙编《周易韵读》），约占四分之一强。兹略举几条以见一斑。

写婚姻的，如（以字母标押韵）：

屯如邅a如，乘马班a如。匪寇b，婚媾b。（屯六二）

乘马班a如，泣血涟a如。（屯上六）

贲其须a。（贲六二）

贲如濡a如。（贲九三）

贲如皤a如，白马翰b如。匪寇c，婚媾c。（贲六四）

对偶婚，有两种情况，一种是有些困难的，就写他徘徊不前。另一种是举族高兴地前往，就写他做好准备，路上很热闹，以马衬托出人的英俊。劫夺婚，就写悲剧的发生，血泪涟涟。

写战争的，如：

日昃之离a，不鼓缶而歌a，则大耋之嗟a。（离九三）

突如其来如，焚如！死b如！弃b如！（离九四）

出涕沱a若，戚嗟a若。（离六五）

王用出征，有嘉折首c，获匪其丑c。无咎c。（离上九）

敌来则举族应战，描写后方以显前方。又写敌人用三光政策之残暴，激发同仇敌忾之心，痛定思痛，因而摧毁敌人。

写行旅，如：

见舆曳a，其牛掣a，其人天且劓a。（睽六三）

睽孤a，遇元夫b，交孚b。厉，无咎b。（睽九四）

悔亡b。厥宗噬肤b，往何咎b。（睽六五）

睽孤b，见豕负涂b，载鬼一车b。先张之弧b，后说之弧b。匪寇c，婚媾c。往，遇雨a则吉。（睽上九）

这不但构成韵语，其描写技巧，极为精妙。“六三”写一个旅客在路上远远望见一辆车子，再看知道是载着东西走；再往前才看见拉车的是牛。再细看，牛的犄角一只高一只低（“掣”），拉得很吃力（掣，《说文》引作觢，“一角仰”。又作觭，“角一俯一仰”）。再前，才看见赶车的汉子。再细看，汉子额头烙了印（“天”），鼻子也割掉（“劓”），原来是个奴隶。这样描写何等细致。“九四”写旅客孤单一人走路，碰见一个缺了一条腿的人（元夫，元通兀，兀夫即刖夫），拄着拐棍走。旅客跟他一块边走边谈，谁知后面有人追了来，把跛子逮住，连同旅客也捆起来，把他也当作逃亡的奴隶。经过许多解释才把他放了。好险啊！幸而无事。这写的是一场惊险的遭遇。“六五”再写这个旅客第二天上路，由于昨天的不幸的遭遇（“悔亡”，指倒霉的事），得了一次教训，轻易不敢跟人来往，跟人交谈。路上碰见一个同乡（“厥宗”，其宗，同一个氏族或部落）正在那里休息，拿着一大块肉（“肤”）在啃，招呼他一同吃。他想：既是同乡，跟他一起还有什么问题呢？于是他们在路上同吃了一顿饭。“上九”又写一个旅客孤单一人走路，见到一头猪在泥潭里爬着，很有意思。忽然来了一辆车子，上面站满了好些奇形怪状像鬼一样的人（这是图腾打扮，因为对偶婚是族外婚，装扮成自己氏族的图腾以示区别），搭上箭，拉满弓，要向这旅客射，吓了他一跳。后来没射。一打听，原来他们是迎亲去的，不是抢劫。再走，下了一场雨，淋了一身。这一天虽有虚惊，但是平安无事。这是写旅客的惊险和心理，刻画曲折入微。语言精练，初看不大好解，细心玩味才知其精妙。正因其精练难解，说《易》的于这些地方做了不少穿凿附会。又如写对偶婚迎亲者在路上走得一身大汗，“贲如濡如”；太阳像火烧，“贲如皤如”（皤借为燔）；以马的昂头飞驰（“白马翰如”）衬托出人的英俊，这也是不易解的精妙描写。“震”卦卦辞和初九爻辞，先概括四种人对雷电的看法，然后作分写。“井”卦写阶级斗争，先写斗争胜利，然后追叙邑主对邑人的压迫。这也是精美语言但不易理解的。

究诂训

前人解《易》的错误，首先由于立场观点为维护统治者的利益出发，借古人语言讲他们的封建伦理。其次是他们不懂得历史发展。奴隶社会已成过去陈迹，文献不足，史实渺茫。号称讲究历史的孔子，不懂得“不恒其德，或承之羞”是什么意思，只能往修养上硬套。后儒说更穿凿附会了。再其次是不讲文理，不求文法。开卷第一句就读错解错。“元亨”“利贞”，两个占兆辞，占筮的专门术语，却说成“四德”，一字一读。解贞为正，不知贞是卜问（《说文》）。利于卜问，吉占。解贞为正，试问“贞凶”“贞厉”等何解？难道正反而凶亡、危厉吗？荒谬可笑。又为解“孚”为信，不知“孚”字歧义很多，在《易》只有“中孚”可解为忠信，其他都不能解为信。试问，“有孚挛如”“有孚颙若”等怎样解？挛，拘挛，有信怎会拘挛？颙是大头，有信怎样大头？不通之极。孚，古俘字，从爪子，俘虏也。二句是说把俘虏捆起来，俘虏头部被打伤，头青脸肿之意。绝不能解孚为信。又如“小畜”“大畜”，前人或解为积蓄，或解为畜养，都不对。《说文》畜的重文作蓄。蓄是本字，畜是简体字。蓄字义久湮，而畜就不可解。蓄从兹田，即田里滋生谷物之意。

理解卦爻辞，要懂得以下几点：

第一，要懂得马克思列宁主义历史唯物主义。例如，“不恒其德，或承之羞”，这是狩猎生活的记录。“德”通得，“羞”是珍馐之馐本字。狩猎并不是常常能获得禽兽的，“田无禽”是常事。好在猎不到时别人会送给他吃的，互通有无。又如“睽上九”的“载鬼一车”几句，说的是对偶婚，并不是真正有鬼。“贲”卦全文写对偶婚迎亲过程，举族同去的。不懂得这种婚制就无从理解。又如“讼九二”，孔颖达《正义》读作“不克讼，归而逋其邑人三百户”。这是错的。“邑人”是一个词，是采邑主所统治的人，《易》有几处说“邑人”，如“邑人之灾”“邑人不戒”。“邑人”不能分割分属于上下两句。这说的是两种斗争。“不克讼”是贵族内讧，两个邑主争讼。“归而逋其邑人三百户”，那个讼争失败者回到采邑去，邑人乘机逃跑，一下跑掉三百户人家。这是邑人对邑主的斗争，两个阶级的斗争。不懂得阶级斗争就不能理解。当然孔颖达这些御用奴才是不懂得阶级斗争的。不懂得两个阶级的斗争，更不能了解“井”卦，“井”卦写邑人对邑主斗争胜利的一个故事。不但这些前人不理解，全部《周易》是奴隶社会生活的记录和作者思想的表现，前人通通不懂。一切《易》注都是错误的，都是穿凿附会的，绝大多数是封建伦理的说教。

第二，要懂得《周易》的组织体系。例如《易传》有把“乾”卦辞读作“乾元”断句的，不知“乾”是标题，“元亨”是占兆，不能把元亨分割，“乾元”连读。又有把“观”卦辞读作“观盥而不观荐”的，既连读，又增一观字。反之，又说“同人”“否”“履”等卦缺卦名。这都不明标题之例。畜字误解，既因菑字义久湮，又不知卦多说一类事。“小畜”“大畜”说的是农业，故以兹田之菑为标题。前人不知《易》的组织体系，硬从爻位来讲等级伦理。不知卦画只为揲蓍用，卦爻辞和卦画无关，更没有什么“下也”“极也”“位中正也”这些等级观念。今人不明组织体系，只能寻章摘句零星地解释。等级伦理说固毫无是处，零星摘释也无标准。对偶婚没人说到，农业卦知者很少，阶级斗争也少人提，象占辞，似乎还无人相信我的说法。但这些都是可以从组织体系找到答案的。“贲”全卦讲对偶婚故事，而有“匪寇，婚媾”语的也是同样的事。关于农业的就有五个专卦。阶级斗争的有两个。因为卦的大多数是按事类编排的，按这线索就要从事类来找。至于占事复杂不能归类的，就从它的形式联系来分析。象占辞是三大辞类之一，不从象占看就无从解释。我们要明白，古人是迷信的，而用数术来占休咎又是要相互参验的，《左传》有不少这样的事例，《周礼》《汉书·艺文志》的“数术略”又给我们做了说明。蓍筮是数术之一，它跟别的数术参验，很自然而不奇怪，这正是古代思想的特征。不明白这一点就不了解古代社会，也不能解《易》。《易》一开始“乾”说龙，“坤”说龙战，不从象占就无从解释。“履”说“履虎尾”，有咥人，有不咥人，如不知是梦占，也无从说解。《易》很清楚地说到梦占，“剥”卦的“蔑贞”即梦占，蔑、梦，一声之转。有许多证明可以断定《易》有象占辞。象占辞是三类辞之一，这个体系可无疑义。

第三，解《易》要根据文理和它用词的体例。凡文必有条理法则，古今一样。虽古代的文法跟近代不必相同，而理法一定有。文以纪事说理，不按文法就不能表达。偏偏说《易》者不从文理看，把《易》文搞得支离破碎，不成文句。这种毛病，到了清儒焦循可说登峰造极。他的《易》学三书，前人说它是“石破天惊”之作，其实最不通。不据文理解说的，源远流长。如春秋的鲁穆姜解“元亨利贞”，就一字一读。《易传》盲从她，后儒一样跟着学舌，无敢异议。按之《易》文之例，“元”“利”二字必连他文成句，不能独立的，如“元吉”“元吉亨”“元永贞”，如“利永贞”“利建侯”“利涉大川”“利艰贞”“利有攸往”等，不一而足。元亨同于元吉，利和不利相对，“不利为寇，利御寇”。绝没有单独说“元”说“利”的。把“邑人”一词分割，分属上下文，也是不通。

又古人常用假借字，声同相通，声近也通。不明通借，不能读古书。而《易》用假借却又有它的特例。《易》卦用一词标题，这个词是从爻辞里多见词取来的，这个多见词在爻辞里往往有不同的意义，这是《周易》的一种组织法，是它的特点。例如，“贲”卦，贲从贝，贝，古人用作装饰品，故贲的本义为饰，“贲其趾”，“贲其须”，是装饰。但“贲如濡如”“贲于丘园”等则借为奔，贲、奔都从卉声。而“白贲”之贲则又借为豶。《易》有奔，有豶，但这里要用贲作为标题，不用奔、豶而只用贲。“井”卦之井有三义，“改邑不改井”，是井田；“井泥不食”，是水井；“旧井无禽”，借为阱。“革”卦之革有二义，“巩用黄牛之革”，是皮革；“巳日乃革之”，是改革、变革，故又说改，说变。如此之类，一词多义的不少。奇怪的多义词，作者有时就其中一义做了说明，但说明只是其中的一义而不是全义。如“蒙”卦，“匪我求童蒙”，以“童蒙”说明蒙有愚蒙之义，但“发蒙”“击蒙”是高地上草木丛生，即蒙的本义。而六五的“童蒙”，童又借为撞击，击也。“比”卦之“原筮”，说明比有比并之义，原筮是三人同筮。但“比之自内”“外比之”，则为亲比。“比之（于）匪人”，则为阿比。“明夷”，说明“不明，晦。初登于天，后入于地”，是太阳下山之意。但这些只是一义，明夷之义最多歧，“明夷于飞”，借为鸣鶇；“明夷于南狩”，借为鸣弓即射猎，夷为大弓；“获明夷之心于出门庭”，明夷为弓名；“箕子之明夷”，明夷为国名。这是合言。分言，“夷于左股”，夷借为痍，伤也。所以歧义颇多，不能单执一义。这是《易》用词的特殊处。读《易》者应注意，否则难通。

五、《周易》的经传问题

《易传》七种十篇，也称“十翼”。《彖》《象》二传依经各分二篇，《系辞》文多，也分为二篇，《文言》《说卦》《序卦》《杂卦》各一篇，附《周易》以行。挂着孔子作的招牌，后儒很尊信，说《易》的都遵《易传》。宋欧阳修作《易童子问》，看出《文言》《系辞》等有矛盾，说法丛杂，才提出非圣人作的疑问。但尊孔的社会照样迷信旧说，不敢异议。

《周易》是奴隶社会作品，反映了奴隶社会的生活和思想。《易传》是封建社会作品，作者既不懂得奴隶社会情况，目的又为维护统治者的利益而宣传等级伦理。两者可说关系不大，至少《易传》解释并不正确，他们讲的是他们自己的思想而不是《易》义。

例如，讲农业的几个卦，原是古代社会的宝贵材料。但四体不勤、五谷不分的儒生经师根本不懂。他们的解释真是胡说八道。“利用刑人（奴隶）”来垦荒，却说是“以正法也”。“密云不雨，自我西郊”，天旱之象，却说是“尚往也”，“施未行也”，两句分说，也不通文理，只是胡说。“匪其彭”，本是晒巫求雨，却说是“明辨哲也”。做梦。“不家食”，农民很勤苦，在田头吃饭，却说是“养贤也”。他们当然想被养得脑满肠肥了。还有许多话他们不懂，就照抄原文以藏拙。他们的大本领在硬套爻位，说什么“刚中正”啦，“上合志”啦，“中无尤”啦，根本文不对题，适得其反。就是他们最喜欢说的有关政治的卦，也是只从爻位说，讲不出一点道理来。如“临”卦初、二爻都是“咸临”，又都是吉占，《象传》却一说“志行正”，一说“未顺命”。毫无道理。“观六二”明明“利女贞”，却说“窥观女贞，亦可丑也”。荒谬之极。“观我生”，是观亲族百官，却说“观民也”，把皇亲国戚说成人民。“观其生”，观他族百官是“无咎”的，好的，却说“志未平也”。讲战争尤荒谬。“离九四”写敌人用残暴的三光政策，令人痛恨，却说“无所容也”，站在敌方立场说话了。“出涕沱若，戚嗟若！”何等惨痛，却说“离（丽）王公也”。人遭残杀而悲痛，怎说是丽王公呢？《彖》抓住一个“离，丽也”之义而大加发挥，说“日月丽”“草木丽”“重明以丽”“化成天下”。本来是说战争的，离即罹，罹灾难，却在做天下太平的美梦。“大畜”讲农业，而《彖》不懂，又从“乾健”上大做文章，说什么“刚健笃实，辉光日新其德”，“刚上而尚贤”，“大正”，“养贤”，“应乎天”，胡扯。解《易》以《彖》《象》二传为权威之作，而其荒谬如此。

原来儒家祖师圣人孔子，对《易》没有研究，只想从其中找修养的话，学《易》“可以无大过”，后代儒生更不懂。由于秦始皇焚书，禁人议论时政；儒生借《易》的合法地位来发挥他们的政治思想，暗中批评始皇的暴虐。《彖》和大《象》，当作于秦时，他们很看重“正”“中”“修德”“养贤”“容民畜众”，这是暗斥始皇的虐政。于“革”卦更说“汤武革命，顺乎天而应乎人”，这跟孟子说的“闻诛一夫纣”一个思想，把始皇看作独夫，大有起而诛之的想法。我们不要忽视这些话的时代背景和政治意义，不要以为他们在研究《周易》。不是的，他们在借《周易》的语言发挥儒家思想，而目的在反对始皇虐政。

到了汉初直至武帝时期，政治上有两个特点，一是封建专制统治日益巩固了，二是儒家跟别家争政治地位。法家因秦亡而失势，墨家只行于民间，阴阳家和儒家合流，只有道家大行于汉初，跟儒家斗争激烈。起先儒家完全没地位，叔孙通是个趋炎附势者，搞一套朝仪大捧汉高祖，他的学生和一班鲁诸生争得一点位置，但很低微。他们称叔孙通为圣人，小《象》传当是这班儒生作的，附会爻位，大谈其等级伦理，维护统治者利益。这当是他们争政治地位的手段。汉初到武帝时，经师把《周易》抬到很高的地位，讲授《易》义，但多是口传，其遗说的一部分辑录在《文言》《系辞传》。《文言》解释“乾”“坤”两卦，解“乾”有四德，大旨和《彖》《象》相类而加详，比小《象》较通，但多从爻位说解，又从词义发挥。“乾”四德说是其一，而又一说则谓“乾元者，始而亨者也；利贞者，性情也”，“时乘六龙，以御天也”，连“或”也算龙，和其他说不同。但又说“或之者，疑之也”，以“或”为惑，似又非一个人的话。总之彼此异说，彼此矛盾，从脞杂乱，不成系统。《系辞》有“子曰”的几条，即汉初说《易》大师的语录，不是《论语》的孔子。《系辞》除了发挥等级伦理外，有两点值得注意，一是大大吹捧《易》道，把《易》说成广大悉备，无所不包。显然为儒家争地位而高抬他们经典的价值。意思是，他们别家的书和学说算得什么，我们的《易》才是真宝贝。二是采用别家思想以入《易》，因为和别家斗争又吸收别家思想。如“一阴一阳之谓道”是道家思想；“生生之谓《易》”，也是从《老子》的“一生二，二生三，三生万物”来的。这不是儒家本有的思想，也不同于《易》所谓对立转变，它是一直发展的，它是“富有”的，“日新”的。这是儒家思想的新发展。发展是应该的，但不能说他们说的是《易》义。

司马迁说孔子学《易》韦编三绝，但没说孔子作《易传》，更没说到有十翼。《说卦》《序卦》《杂卦》三篇是武帝以后儒生编的，假托孔子所著，说是从老屋发现，这是鬼话。《说卦》是八卦卦象、卦德的诸说汇编，《序卦》试图把卦的次序贯连起来，《杂卦》把卦义编成歌诀，便于记诵。《序卦》顺说反说，务求其通。有时要承上启下，一卦二义，如“屯”承上训盈，启下又说物之始生。说卦义也难通，如谓“需”是饮食之道，“临者大也”，“萃者聚也”，“巽者入也”等，都不对，《杂卦》就和它的说法不同。当然，《杂卦》说也多不通，如“屯见而不失其居”，“贲无色也”，“井通而困相遇也”之类，没什么道理。

今按，每卦标题即所谓卦名之义，从其组织体系说，不难定，前人不明体系，聚讼纷纭，莫衷一是。如“乾”是天，以斡（北斗）为天；“坤”是地；“屯”训难；“蒙”有愚蒙和草木丛生二义；“需”即濡；“讼”，争讼；“师”，师旅；“比”有比并、亲比，阿比三义；“小畜”“大畜”之畜为蓄，兹（滋）田也。“履”为践履；“泰”通，“否”塞；“同人”，聚众；“大有”，丰收……都可确定。一词多义的，作者或自加说明，如“蒙”“比”“明夷”等。但只说明其中一义。其意是，这是多义词，应该注意，其中有这样一个意思（但不是全部）。读者应自己去分别解释。可惜读者没有领会作者的用意。至于卦的次序，没有连贯的，也不可能连贯。其中有两两相对的，如“乾”与“坤”、“泰”与“否”、“损”与“益”等。相对的多，或意义对，或事类对。如“需”“讼”，以行旅和政治对；“师”“比”，以战争和政治对；“同人”“大有”，以战争和丰收对，等是；也有以事类相同为比的，如“谦”“豫”，说修养；“临”“观”，说政治；“震”“艮”，说科学；“渐”“归妹”，说家庭婚姻；“丰”“旅”，说行旅，等是。总之，卦画二二为偶，非覆即变；卦义则二二为偶，非对则比（内容较复杂的除外）。这是卦的组织。《序卦》所说，寻找次序，意图虽好，实则牵强。

总之，秦汉儒生借《易》发挥他们的思想，或反抗暴政，或维护统治者的利益，或研究《易》义，总离不开封建伦理，和《易》的原来所反映的生活思想相距很远。

周易要例

一、卦爻辞标题释例

古书篇目标题约有两种，一种是截取篇章首句一二字以至一句作为题目，不包举内容，没有意义，只为称谓方便，如《诗经》的“关雎”“卷耳”“殷其雷”“摽有梅”，《论语》的“学而”“先进”等是。后来作者因篇的内容命题，标出意义，如《庄子》内篇七篇的“逍遥游”“齐物论”，《荀子》的“礼论”“天论”等是。《周易》的著作年代最早，而每卦却有标题。其标题法有各种方式方法，比诸书更多，真是少见之作。

《易》的标题，即后人所谓卦名。其实所谓卦名乃后人之说，《易》的卦名应该是卦画。看《左传》所载《易》筮，卦名下必附载卦画可知。又“坎”标题本为“习坎”，

《彖》《象》二传仍称“习坎”，直至西汉末作的《易纬·稽览图》仍称“坎”和“习坎”，可见还没统一，并不是原来就叫“坎”卦。“习坎”标题从内容取义，卦中说的和重坎有关之事。又如“震”标题，卦辞一再说震，“旅”标题，卦辞又说旅。可见卦辞头一个字是标题，卦的标题应是为卦的内容而设，属于卦爻辞范围。卦名原是卦画，卦画为占筮时揲蓍数策用。卦画和卦爻辞是两个系统。后人因卦画不便称谓，乃取标题作为文字的卦名。卦爻辞是占筮结果的记录。作者编选新旧筮辞组织成卦，每卦给一个标题，或从内容命题，或取形式联系，或两者兼有。

卦的标题约有以下几种方法方式：

第一种，就卦的内容意义标题，例如：

“大有”讲农业丰收。古代称丰收为“有”，为“有年”。大有，大丰收也。“小畜”“大畜”，讲农业生产，农业生活。畜，蓄的简体。蓄，田里滋生谷物之义。“中孚”讲五礼，礼以忠信为主，中孚，忠信也。“乾”讲天，乾借为斡，北斗。以斡代表天。“坤”说地。

第二种，以爻辞的多见词标题。这多见词和内容相应，可以包举内容意义，内容和形式一致。如：

“师”讲师旅行军，“同人”讲战争聚众，“履”讲行为践履，“谦”讲谦德，“随”讲相随出门，“复”讲出门怎样归来，“晋”讲战争进攻，“家人”讲家庭，“归妹”讲嫁女。

第三种，内容有一定范围，讲一类事，以多见词标题，但标题和内容不相应，只取形式联系。如：“贲”讲一个对偶婚姻故事，贲训饰，又借为奔，借为豮。“井”讲一个阶级斗争故事，井有三义：井田、水井，又借为阱。“丰”，讲行旅，丰为大屋，大屋和行旅无关。“渐”讲家庭。渐，进也。“渐”是仿民歌起兴或创作而截取渐字标题，和内容无关。

第四种，内容散杂，以多见词作形式联系。如“大壮”内容说征、猎、饲羊、丧羊、艰旱等，以壮力和借为戕二义联系。“解”讲商旅、田猎、战俘等事，以解开、懈怠二义联系。“夬”讲寇戎、行旅、商旅，以快之本字夬为联系。有快速、快乐二义。“萃”说战俘、祭祀、忧悴，萃借为悴（瘁），以悴为联系。“困”说刑狱、敌来、俘虏，以困辱、困苦之困为联系。“明夷”说行旅、狩猎和远行，而明夷二字歧义最多，以之作形式联系。

第五种，内容复杂，以对立的两卦为一组，以对立之义作联系。三对组卦：“泰”和“否”、“损”和“益”、“既济”和“未济”。对立而互相联系，又相互转化。

这是标题法，每卦有个标题，有几个卦没标题，依上举标题法，不标等于标，如“否”与“泰”对。又用多见词，不标只是省文。余如“同人”“履”“艮”等，用多见词，同样因省文不标。用多见词标题是《周易》特殊的组织法，形式联系和内容统一，更是作者独具匠心。

二、卦辞释例

卦辞之例，约有以下几点：

（一）卦辞分两部分，开前是一个标题，标题下是贞事辞和贞兆辞。除几个卦为省文而不标题外，标题是不连下文的。标题即一般所谓卦名。有人说每卦必有卦名，没有的是传抄偶缺，又有人说，“习坎”之习是衍文。这说法不对，“坎”“艮”为八卦之二，绝不会缺文或衍文，“坎”本来以“习坎”标题，后人说是卦名，为了方便，又去了习字称坎。“艮”是作者为了省文不标题，汉儒重《易》，有各种本子，经过校对，并没有说有缺的。

（二）卦辞和爻辞相同，有贞事辞、贞兆辞。有贞兆而无贞事的颇多。

（三）卦辞比爻辞较特别之点在有几个卦有解释标题意义的话，爻辞只“明夷”上爻似乎是解释语，其余没有。卦辞解释标题的，例如：“蒙。匪我求童蒙，童蒙求我。初筮告，再三渎，渎则不告。”用童蒙和占筮渎神来说明蒙有愚昧之义。“比”卦用“原筮”（即三人同筮）说明比有比并之义。“泰”“否”二卦用“小往大来”说明泰，“大往小来”说明否，“观”卦用“盥而不荐，有孚颙若”说明观是观察情况、分别处理之义。“无妄”用“其匪正有眚”说明妄有不正之义。“未济”用“小狐汔济，濡其尾”说明济有渡水一义。

（四）卦辞中有说理语和比喻语。“颐”：“观颐，自求口实。”是说理语，并非筮辞。“颐”讲解决粮食问题，首先提出理论说，要研究颐养之道，要自己解决口粮。据这个道理，爻辞乃提出开垦丘陵地带种植以解决粮食问题，有自力更生的意味。又反对抢掠人家的粮食。“否”卦首先提出否的定义：“否之（是）匪人。”“艮”卦讲注意保护身体，首先提出要保护全身，不要光顾局部。“艮其背不获（护）其身，行其庭不见其人”，单注意背部不保护全身，譬如一栋房子没有人住，这样的房子不成为真正的房子。没用，只是荒废的东西。房子是比喻语。“未济”的“小狐汔济”也是比喻。

（五）卦辞和爻辞的联系。一般说，卦辞除标题外，跟爻辞一样，独立成文，不必联系。但也有密切相连，和爻辞不能分割的。如，“震”卦卦辞和初爻先总说对雷电的看法有四种人，二爻以后才分别描述这四种人。“井”卦卦辞首先说邑人对邑主斗争的胜利，又追述邑人受邑主压迫。初、二爻继续写受压迫的情况，生活不下去。三爻以下再转到新邑主来了之后的事。卦爻辞连成一起写一个阶级斗争的故事。“同人”讲聚众打仗，卦辞先说“同人于野”，挑选士卒，爻辞继续说“同人于门”，“同人于宗”，出兵前的准备。“复”卦讲行旅归来，卦辞先讲行旅所关心的几个问题：有没有病？赚了钱有无事故？往来时间？然后六爻分叙归来的各种情况。“艮”卦先讲要注意保护全身，六爻分叙保护身体的各部。先总后分，连成一起。又如“节”，节有二义，礼节和节约。卦辞和初、二爻讲礼节，三以后讲节约，分前后两部，是卦辞和爻辞相连的。卦辞说“苦节”，上六也说“苦节”，因礼节和节约不同，辞同而义异。说《易》者如王弼不明节有二义，统统以礼节制度为解，因而错误。至于“井”“震”等卦，王弼之流更不懂了。

三、爻辞组织释例

爻辞看似散乱，其实作者编排，不少是有组织的。其组织法，或按内容，或按形式，做了艺术编排。

（一）分部次。六爻分前中后三部分。有的分配很匀称，每部分两爻。有的分为两部分，前三后三。有的不那么匀整。

匀整的，如“观”讲政治上的观察：前二爻，讲两种错误的观察；中二爻，讲国内外观察；后二爻，讲对国内各族的观察。“离”讲战争：前二，对敌警戒；中二，有敌侵袭；后二，罹祸后悲痛而反击。“晋”讲战争：前二，讲战术；中二，讲士兵质素；后二，讲战略。“贲”讲对偶婚新迎过程：前二，行前准备；中二，途中情况；后二，到了女家送礼。分两部的，如“需”讲行旅：前三，途中所遇；后三，投宿所遇。

不很匀整的，如“同人”讲打仗：前二，出兵前准备；中三，几种战况；后一，班师。“谦”论谦德：初爻，说应有谦德；中三，说谦有限制，应与明智、勤劳、抝奋相结合；后二，以战争为例，证明谦应与明、劳、抝相结合之理。“蛊”讲家庭：前二，讲干父事不干母事，对言；中三，干父事的三种人；后一，不干政事，即专干家事。“遁”讲隐遁：初爻，说人皆隐遁的危险；二、三爻说拘系隐遁者是不成的；后三，说隐遁是好的。“归妹”讲嫁女：前四，讲姊妹共夫制；五爻，归妹史实；上爻，梦占，指婚后献祭。“兑”讲国际联盟：初爻，提出和平共悦的主张；中四，讲因野心家阻碍联盟而发生战争；上爻，引导大家走向和悦联盟。

（二）平列式。“临”讲治民之术，平列“咸临”至“敦临”等六种政策，五好一坏。“复”讲出门怎样回来，平列六“复”。“睽”讲行旅，六爻说出门所见所遇，见也是遇。

（三）阶升式。“咸”讲行旅、商旅等。咸训伤，六爻用阶升式，由下而上说伤拇至伤脸部。“艮”讲要注意保护身体，由保护脚趾说到头顶。“渐”讲家庭，仿民歌起兴式，说“鸿渐”由低到高。

（四）对衬式。“乾”卦六爻，初、上爻“潜龙”和“亢龙”对；二、五爻对，都是星占；三、四爻对，讲人。“大过”讲大过之事：初、上爻“藉用白茅”和“过涉灭顶”对；三、五爻，老夫女妻和老妇士夫对；三、四爻“栋桡”“栋隆”对。

（五）故事性。“贲”讲一个对偶婚故事；“睽”讲行旅所见所遇，像一篇旅行日记；“井”连卦辞合成一个阶级斗争故事。

四、卦爻辞一辞数占例

卜辞一辞记一次贞卜，卦爻辞也以一辞一占为多，但也有一辞记几次占筮的。因《周易》编选新旧筮辞而成，故一条卦爻辞往往不止一占。《易》卦多数以一类事为主，但一类事外，作者认为有重要的也附带编入。前人解《易》，多不明此理，往往牵连强解，穿凿附会。现在略举数例，一以见一辞数占，一以见类事外的附载。

例如“屯”卦。屯者难也，讲各种难事。“屯六二”：

“屯如邅如，乘马班如。匪寇，婚媾。女子贞不字，十年乃字。”

前半贞婚媾之难，后半占生育之难，两事不同。

又如“小畜上九”：

“既雨既处，尚德载。妇贞厉。月几望，君子征。凶。”

三占："既雨既处，尚德载"，德载借为得栽，谓雨后栽种，农业之占。是"小畜"所讲农业事。但"妇贞厉"和"君子征。凶"两占和农业无关，是附载。

又如"坤"卦辞，除贞兆外共占四事：

> "利牝马之贞。君子有攸往，先迷，后得主。利西南得朋，东北丧朋。安贞吉。"

一占畜牝牛，牧畜事。二占行旅。三占商旅。四，安贞。假如你读王弼注，就觉得可笑。他说："西南，致养之地，与坤同道者也。故曰得朋。东北，反西南者也，故曰丧朋。阴之为物，必离其党之于反类而后获安贞吉。"他不知古代用朋贝为货币，得朋、丧朋乃商旅事。解朋为朋党，已极错误，更硬造"西南，致养之地"而"东北，反西南者也"。疑其说是为当时曹魏伐蜀宣传。不知卦辞乃周商人之占，西南多周人友邦，故商人获利；东北有周人强敌，故商人丧朋。更可笑的是，把"安贞吉"连起来，说什么"阴之物必离其党之于反类"。难道阴就不要朋友而必离其党之于反类吗？

又"大畜九三"：

“良马逐。利艰贞。曰闲舆卫。利有攸往。”

也占四事：前三事和“大畜”讲农业有关，后一事占行往。属于附载。“良马逐”，选良马种交配以繁殖马群。艰从堇，古旱字，农业之占。“曰（日）闲舆卫”，练兵以保卫庄稼，因农业生产最怕敌人抢掠。你如喜欢看笑话，不妨看看王注。他说，“畜极则通”，硬拉到上九的“天衢”之“亨”去。把“艰贞”也拉到“通路”去。又训闲为阂，刚好和闲习之义相反。这是把不同占辞强拉硬通之说，其实大不通。

五、贞兆辞扩大运用举例

卜辞和《周易》都有一套为占卜用的专门术语，表示贞兆的吉凶休咎。卜辞有“亡尤”“灾”“亡灾”“吉”“大吉”等。《周易》有“吉”“亨”“元亨”“利贞”“无咎”“凶”“厉”“悔”“吝”“悔亡”等。这些贞兆辞应该从占卜的角度看。前人把“元亨”“利贞”两贞兆辞分为四德是错误的。但同时也要注意到，作者在根据旧筮辞编著《周易》时，卦爻辞已不全是筮辞，有理论语、说明语等，对于贞兆辞，也不全是用作贞兆，而又用来说明事理的好坏，判断事物的是非。这已是推广运用了。

例如：凶是吉凶之凶，无疑是贞兆辞，但如“师出以律，否臧，凶”，是说行军要有纪律，纪律不好就会打败仗。“颐征，凶”，为了粮食而去抢人家的，是很坏的事。“来兑，凶”，战争刽子手以武力威胁别国，要人臣服，以此为悦的，是大坏蛋。这些例子里，“凶”字不是贞兆，而是用来判断事理。

又如，“无咎”，吉占辞，但如“无交害，匪咎；艰则无咎”，不要互相侵害，不侵害则丰收可无问题；即使天旱（艰）也不成灾害。匪咎和无咎同为无灾害之义。“朋来无咎”，商人赚了钱，没有事故。“震不于其躬，于其邻，无咎”，有一次打雷，没打到自己，打到邻居。好险，没事。“萃有（于）位，无咎”，是说瘁于职位的是个好干部，没有过失。“或跃在渊，无咎”，有个贵族投河自杀，但他实在没有罪过。以上六例，前四说事理，后二评人物，“无咎”都不是贞兆。

“悔亡”，凶占贞兆辞，但如“众允，悔亡”，以奴隶兵进攻（众，奴隶；允借为粇，进也）必然大败。“悔亡，失得勿恤”，虽然战败，但不要以失败为忧。即胜败乃兵家常事，败勿馁之义。“孚兑。吉，悔亡”，以俘人为悦的侵略主义者，虽或一时得意，终归失败。这些例子，“悔亡”都指战争失败，不是贞兆，“吉”也非贞兆。

从上三个贞兆的运用看，可见作者有时用来说明事理，评定人物，并非筮辞的贞兆。前人不懂得占卜的贞兆术语，是不对的。现在由卜辞的发现可资比较，断定一些贞兆辞是占卜专门术语，但也要从卦爻辞做具体分析，分别何者是贞兆，何者非贞兆，才是正当办法。

六、卦爻辞同辞异义例

一般说，同样的话应该同样的意思，所谓约定俗成，方便于交流思想。但写成文字，跟语言有所不同，因为古人往往用假借，文同而义未必相同。而《周易》又有它的特例，辞同而意义却不相同，如它用一词多义的形式联系的方法来标题，这就辞同而义异了。例如“蒙”卦辞的“童蒙”和爻辞的“童蒙”，一为童仆之童，一借为撞，而蒙的意思就不同了。又《易》有用对立说的，辞虽同而对立的卦又相反了。又如贞兆辞，作者把它推广运用，便又不是贞兆辞了。

卦的组织法之一，用一词多义的多见词作标题，这个词就有不同的意义。如“蒙”用童蒙说明蒙是愚蒙，而六爻则用草木丛生于高地上的本义，“童蒙”应解为撞击草木，故“童蒙”辞同而义异。“明夷”二字歧义更多。据作者说明，明夷的一义为太阳下山。但“明夷于飞”，明夷借为鸣鶇；“明夷于南狩”，明夷为鸣弓，夷本义为大弓；“获明夷之心”，明夷是大弓名；“箕子之明夷”，明夷是国名。于此可见，辞同而意义有很大差别。

在一个卦里，辞同而义异的，如“咸”卦的初、二爻同说“咸临”，用假借词，一借为諴，和也；一借为感，感化也。谓应用宽和政策和感化政策来治民。“大过”卦辞“栋桡”是栋折之义，用来说明标题“大过”是太过，过重以致把栋压折断了。爻辞的“栋桡”和“栋隆”相对，隆是隆起，桡是下弯，重是太重，还没有折，故义略有别。“节”卦卦辞的“苦节”，节是礼节。以礼节为苦，不守礼节；爻辞的“苦节”，节是节约。以节约为苦，是享受派。节有二义，故“苦节”辞同而义异。“损”卦的九二和上九都有“弗损益之”句，九二应读“弗损，益之”，因为它是接初九说的。初九说“酌损之”，故九二反过来说不要损而要益。上九又据之前说的损或益说，故应读“弗损益之”，不损也不益。古书没标点符号，我们应按它的文义分别解释，不要混同。王弼不明此辞同义异之例，于上九说“刚德不损，乃反益之”，同读为“弗损，益之”，是错误的。又，“既济”和“未济”上爻都说“濡其首”，但一是说渡水被淹，一是说饮酒大醉。辞同而义异。

在不同的卦有辞同而义异的，如“泰”“否”二卦同引“拔茅茹，以其汇”的民谚，泰、否对立，义也取对立，意为拔茅茹的，如果知类（汇）知方则泰，不知类知方则否。在“损”“益”二卦，同有“或益之十朋之龟，弗克违”句，在“损”卦，侧重于“弗克违”，意为龟卜是不能违损的；在“益”卦，侧重在益一面，意为这是益的事。在“需上六”和“离初九”，同有“敬之”语，“需”讲行旅，有客人来，敬之谓殷勤招待。“离”讲战争，“敬之”谓警惕敌人的侵袭，敬借为儆。

以上是辞同而义异的一些例子，读《易》应该知有此例，分别解释，不要强同。

七、卦爻辞的假借字

古书用假借字的颇多，清儒明白此义，说解成绩显著，如王念孙、王引之治群经，马瑞辰治《诗》，是其代表。焦循也用假借说《易》，可惜把“旁通”讲得太过，以致支离破碎，不成文义。王引之《经义述闻》对《周易》用假借字说得还不多，有说对的，也有说错了的。如说，光借为广，大也（需："光亨"）。蛊借为故，事也（蛊）。辨借为蹁，膝头（剥六二："剥床以辨"）。井借为阱（井初六："旧井无禽"）。这些都对。但误信《说卦》坎"为心病"，谓祇借为疷，病也（坎九五："祇既平"），就错了。祇应从郑玄本作坻，小丘也（见《释文》）。谓簪借为撍，训速（豫九四："朋盍簪"），不知簪为簪笄之簪，并不假借。朋为朋贝，以贝为簪饰。朋不是友朋。尽管有说错的，但从假借说《易》，方法是对的，《易》的确有许多假借字，明白这一点，才能读《易》。兹举一些例子（说详拙著《周易通义》）：

乾借为斡，北斗。（乾）

乾乾借为虔虔，敬慎也。（乾九三）

困借为捆。（蒙六四："困蒙"）

取借为娶。（蒙六三："勿用取女"）

童借为撞，击也。（蒙六五："童蒙"）

需即濡本字。（需）

德借为得。（讼六三："食旧德"）

言借为讯。（师六五："田有禽，利执言"）

孚即俘本字。（比初六："有孚"）

畜是蓄的简体。（小畜）

说通脱。（小畜九三："舆说辐"；坤初六："用说桎梏"）

德载借为得栽。（小畜上九："尚德载"）

富借为福。（小畜九五："富以其邻"）

以借为与。（同上）

夬即快的本字。速也。（履九五："夬履"）

详借为祥。（履上九："考详其旋"）

包借为匏。（泰九二："包荒，用冯河"）

冯借为淜，徒涉也。（同上）

翩翩借为谝谝。（泰六四："翩翩，不富以其邻"）

复借为覆。（泰上六："城复于隍"）

包借为庖。（否六二："包承"，六三："包羞"）

承借为脀，肉也。（同上）

羞即馐本字。（同上）

匪借为昲，曝也。（大有九四："匪其彭"）

彭借为尪。巫尪。（同上，虞翻本作尪）

鸣借为明。（谦六二："鸣谦"；豫初六："鸣豫"）

官，古馆字。（随初九："官有渝"，蜀才本作"馆"）

考借为孝。（蛊初六：“有子考”）

咸借为诚，又借为感。（临初九、九二：“咸临”）

甘借为钳。（临六三：“甘临”）

生借为姓。（观六三、九五：“观我生”，上九：“观其生”）

何借为荷。（噬嗑上九：“何校灭耳”；大畜上九：“何天之衢”）

贲借为奔，为豮。（贲九三、六四：“贲如”，六五：“贲于丘园”，上九：“白贲”）

蔑借为梦。（剥初六、六二：“蔑贞”）

肤借为胪。（剥六四：“剥床以肤”，胪，腹部）

频借为颦。（复六三：“频复”；巽九三：“频巽”）

童借为橦。（大畜六四：“童牛之牿”。橦牛，公牛）

牙借为互，即枑。（大畜六五：“豮豕之牙”）

拂经借为刜径。（颐六二：“拂经于丘”，六五：“拂经”。开辟路径也。）

枕借为沈，深也。（坎六三：“坎险且枕”）

祇借为坻。（坎九五：“祇既平”，郑玄作坻，小丘也）

敬借为儆。（离初九：“敬之”）

离与罹通。（离，古代罗、罹都作离）

以上列举上经各假借字，可见假借之多。下经不详举，摘举若干：

执借为絷。（遯六二：“执之用黄牛之革”）

肥借为飞。（遯上九：“肥遯”）

壮借为戕，伤也（大壮初九：“壮于趾”）

愁借为揫，迫也。（晋六二：“晋如愁如”）

允借为粃，进也。（晋六三：“众允”；升初六：“允升”）

腹借为寝。（明夷六四：“入于左腹”）

心借为杺。（明夷六四：“获明夷之心于出门庭”）

遂借为队，即坠。（家人六二：“无攸遂”；震九四：“震遂泥”）

元借为兀。（睽九四：“遇元夫”）

誉借为趋。（蹇初六：“往蹇来誉”）

硕借为拓。（蹇上六：“往蹇来硕”）

解借为懈。（解九四：“解而拇”）

曷借为匄。（损：“曷之用二簋”）

依借为殷。（益六四：“利用为依迁国”）

孚借为呼。（夬：“孚号，有厉”）

夬夬借为赽赽。（夬九四：“君子夬夬独行”，九五：

“苋陆夬夬中行”）

陆借为睦。（夬九五：“苋陆夬夬中行”。苋是莧之讹）

萃借为瘁、悴。（萃九五：“萃有位”）

心恻借为沁测。（井九三：“为我心恻”。沁，探井；测，深也）

形渥借为刑剧。大刑也。（鼎九四：“覆公𫗧，其形渥”）

旬借为姰，男女併也。（丰初九：“遇其配主，虽旬无咎”）

兑为悦、说的本字，说也通悦。（兑）

是借为题。题，是声，从首，头也。（未济上九：“濡其首，有孚失是”）

八、筮占辞和编者立言

《周易》的基本材料采自新旧筮辞。编著者是卜史占人，他掌握了许多旧有筮辞，进行编选组织。这些新旧筮辞，有史料价值，可作为研究古代社会的根据。但旧有筮辞材料虽多，要编著成书，不一定满足需要，既不能每条卦爻辞都有，也不一定合用。作者编著一书，一定有他的目的。在材料不够或不合用时，就要补充。或本着自己的思想，说自己要说的话；或总结历史经验，做出论断；或针对当时的政治、经济、社会文化的情况，提出他自己的主张，发挥自己的思想。因此，书中所说，不完全是新旧筮辞的编选，还有作者的立言。卦爻辞有些话，很明显并不是筮辞，不是筮占结果的记录，而是理论。有时整个卦全是理论，连贞兆辞也是借来说明批判事理的，如“临”“观”二卦就是例子。

卦爻辞可区分为两大类：一是筮辞，筮辞大别为三种——贞事辞、贞兆辞、象占辞；一是非筮辞，是作者立言，有理论语、说明语、比喻语、引用语等。每卦的标题当然是作者立言。

理论语：

理论语是作者发挥自己思想的话。有全卦都是理论语，如“临”卦提出感化、诚和、亲至、明智、敦诚五个政策，作为治民之术的标准，同时反对钳制、压迫。贞兆辞是用来说明好坏的，不是贞兆。全卦除了卦辞外，都是理论。这是作者总结历史经验，针对当时政治提出自己的政见。“观”卦，是如何观察政治的理论，连卦辞也是。卦辞以祭祀为例，说明观察应按情况不同而分别处理。六爻先说两种错误方法，然后谈对国内外的观察，再谈对国内各族的观察。但像这样全卦谈理论的很少，谈科学知识的两卦“震”和“艮”也是，不过又用描叙法来说，不是纯理论语。但“震”卦用分析描写法来表现思想，很值得注意。后代有艺术性的论文也是这样写的。

在一些占筮的卦内，往往插入理论语。明显的，如“泰九三”的“无平不陂，无往不复”，讲对立转化的道理。“否”卦先给否一个定义：“否之（是）匪人。”末了叫人不要做匪人（“休否”），更进一步号召人打倒匪人（“倾否”）和改过自新（“先否后喜”），这都是理论语。“损”卦有理论语：“酌损之”，“弗损，益之”，“弗损益之”。谈论要按具体情况不同而分别处理的道理。

作者颇善于总结经验，做出理论性的论断，如讲农业，提出“无交害，匪咎；艰则（亦）无咎”（大有初九），提出“观颐，自求口实”（颐）。前者有人定胜天意味，后者近于自力更生思想。这是很宝贵的理论。又如关于军事的理论：“师出以律，否臧，凶”，论军队要有纪律。“悔亡，失得勿恤”，论败勿馁。“晋其角，维用伐邑”，进攻先要较量敌我的力量，再考虑要不要打。这都是军事学。值得注意的是，作者提出“不利为寇，利御寇”，是谈战争正义性的理论。反对侵略，主张防御。从战争的正义性论证谦德，作者认为谦让是有限度的，在敌人侵略时就要抵抗，不要谦让。而且提出谦要和明智、勤劳、㧑奋相结合的理论。就是谦让要以明智为指导，以勤劳为基础，以㧑奋为动力。这是相当合于辩证法的理论。“谦”也是全部理论的卦，中间提出明谦、劳谦、㧑谦相结合的理论，最后以防御战争证明三结合的理由。理论语相当多。

说明语：

上面已提到用“童蒙”说明愚蒙，用“原筮”说明比并，用“栋桡”说明太过。还有爻辞的“不明，晦。初登于天，后入于地”，是说明“明夷”一义为太阳下山。“井九三”：“王明，并受其福”说明王调动邑主是件好事。

比喻语：

“剥上九”：“硕果不食”，比喻农民受剥削。“艮”：“行其庭不见其人”，比喻单顾局部不顾全身的错误。“小过上六”：“飞鸟离之”，比喻批评方法的错误。

引用语：

“泰”“否”初爻引的是民谚。“中孚九二”引的是民歌婚歌。“否九五”：“其亡其亡，系于苞桑”，当引自诗歌。《诗经》有不少这样的诗句，如“集于苞桑”（《鸨羽》）、“集于苞杞”（《四牡》）。

九、说“我”，说“或”

卦爻辞中的“我”，除引民歌外，都是贵族自称。如“匪我求童蒙”（蒙），童蒙，奴隶。“我”和童蒙是两个阶级的对立。“我”是贵族。“观我生”（观六三、九五），生借为姓，我生是王族百官。“密云不雨，自我西郊”（小过六五），土地为统治者所有，故说“我”的西郊。“有孚惠我德”（益九五），孚是俘虏，“我”是奴隶主。“井渫不食，为我心恻”（井九三），心恻借为沁测。新邑主见到井水污浊，他说“给我挖深它”。这些都可说明“我”是贵族自称。

“或”也指贵族。不说大人、君子而言“或”，盖所说之事又不便明指，故讳饰之。如“或锡之鞶带，终朝三褫之”（讼上九），鞶带，绅带。贵族所系，此以表官职。犹言有某贵族授人以官，但敌对者则褫夺之。终朝，一天；言夺之速而多。此贵族内讧事，故讳说“或”。“或从王事，无成”（讼六三），王事，战事；某贵族带兵打仗失败。丢脸事，故讳言以“或”。“莫益之，或击之，立心勿恒”（益上九），这也是权臣排除异己的贵族内讧事，是丑剧。“或跃在渊”（乾九四），贵族投河自杀，是内讧惨剧。这些都不便明说的。又，“无妄之灾：或系之牛，行人之得，邑人之灾”（无妄六三），这个“或”，是采邑主。他的牛没绑好，给一个行人（当是商人，也是贵族）拉走了。他冤枉邑人偷了他的牛。“邑人之灾”，当是毒打、坐牢甚至杀害。作者举来说明妄行者。讳说邑主而说“或”。

十、说“孚”

卦爻辞中“孚”字常见，其义不一。孚从爪、子，本义即俘虏的本字。《易》说孚多指俘虏。如“有孚挛如”（小畜九五）、“有孚颙若”（观）、“有孚威如”（家人上九）、“厥孚交如威如”（大有六五）。俘虏有的被绑住，有的被打伤头部。捉俘虏，一为作人牲祭，“孚乃利用礿”（萃六二、升九二）、“巳（祀）日乃孚”（革）；一为用作奴隶，“有孚，维心。亨”（坎）、“有孚，比之”、“有孚，盈缶”（比初六），“维心”是维系其心，使之降为奴隶。维心之法，有用安抚，有用食物款待。但俘虏并不甘心降服，有伺机逃亡的——“有孚不终，乃乱乃萃”（萃初六），有的甚至于乘机把奴隶主杀死——“有孚于（而）饮酒，无咎；濡其首，有孚，失是”（未济上九）。“是”借为题，即首。喝醉了，丢了脑瓜子。

孚有训获的，“井收勿幕，有孚”（井上六），把崩塌的井口收小了，不盖盖子，用作陷阱，装到禽兽。“有孚在道，以明，何咎”（随九四），这是商人获利。孚也借为呼，“孚号，有厉”（夬），孚号即呼号。有敌来的危险，故呼号。孚和抱声通，鸡抱卵之孵从孚，引申为哺乳，“羸豕孚蹢躅”（姤初六），羸豕是母猪，借孚为哺乳义。孚又引申为信，“中孚”，忠信也。

十一、卦名（标题）意义新解

根据《周易》的组织体系和卦爻辞的内容可以得出各卦标题（卦名）的意义，前人对卦名意义每多推测，说法不一。兹摘引《易传》所说的一二以资比较，不备举。

卦	旧说	新解
乾	天、健、君、父。	乾借为斡，北斗，代表天。天人感应思想。
坤	地、顺、臣、母。	地，地的生产、地上人事和地理知识。
屯	难、盈。	难，各种困难之事。
蒙	物稚。	蒙昧，草木丛生。农业之卦。

续表

卦	旧说	新解
需	须、饮食之道。	需，濡的本字。行旅卦。
讼	不亲、讼争。	讼争、斗争。阶级斗争和生产斗争。
师	众、忧。	师旅，军事战争之卦。
比	辅、亲比、乐。	比并、亲比、阿比。政治思想。
小畜	积蓄、寡。	畜，蓄的简体。田里滋生谷物，农业卦。
履	履践、礼。	践履、行为。行为修养卦。
泰	通。	泰、否是对立组卦，泰好，否坏；泰通，否塞。有对立和对立转化思想。
否	不通。	
同人	类族辨物、亲。	聚众。军事战争卦。
大有	物归、众。	丰收。农业卦。
谦	谦虚、轻。	谦德。论谦德问题。
豫	乐、怠。	犹豫和预虑。谈如何思考。修养卦。
随	随时、无故。	随从。商旅卦。附关于战俘。
蛊	事、饬。	事。家庭卦。
临	大、与。	监临、治民之术。政治思想。
观	观物、求。	观察。政治思想。
噬嗑	合、食。	饮食。谈饮食事和与饮食有关的刑狱。
贲	文、饰。	贲饰，又借为奔、为豮。婚姻卦。
剥	解、变、尽、烂。	击治、离、取。阶级剥削。

续表

卦	旧说	新解
复	反复、反。	往复之复。行旅卦。
无妄	不妄、灾。	勿乱动乱想，又训无端（意料之外）。行为修养卦。
大畜	畜德、物畜。	蓄的简体。农业卦。
颐	养。	颐养，谈解决粮食。农业卦。
大过	大过于人、颠。	太过，谈各种太过之事。
坎	重险、陷、下。	习坎，重坎。讲和坎穴有关之事。
离	丽、明、火、日。	离通罹，讲战祸。军事战争卦。
咸	感，速。	伤。
恒	久。	常。
遁	远去、退。	隐遁。
大壮	止、强大。	壮借为戕，伤也；又为壮力。
晋	进。	进攻。军事卦。
明夷	明入地中、伤。	明夷歧义最多。明夷二字只取形式联系，太阳下山，是其一义；又借为鸣鹈，又作鸣弓解，又是大弓名，又是国名。内容讲行旅和狩猎。
家人	父子、兄弟、夫妇，内也。	家族。父权家长制家庭。讲各种家庭和家庭成员，连奴隶也在内。

续表

卦	旧说	新解
睽	二女同居、男女睽异、乖、外。	睽离，在外作客。行旅卦。
蹇	难、险在前。	难，难行。由难变不难，对立转变。
解	动而免险，坼开。	解开，又借为懈。
损	损下益上，有所失。	损、益为对立的组卦。讲事物的损益要按情况而定。有时要损，有时要益，有时不损也不益。
益	损上益下，自上下下。	
夬	决。	夬，快之本字。有快速、快乐二义。以一词多义联系。内容较杂。
姤	遇。	姤借为媾，又借为遘。以二义联系婚媾和行旅事。
萃	聚。	萃借为瘁。忧悴、劳瘁。内容讲有关忧劳的战俘和瘁于位的事。
升	上升、不来。	进升。内容讲各种进升之事。
困	相遇。	困辱、困苦。讲刑狱和被敌侵袭的困辱、困苦。
井	通、水井、养而不穷。	井有井田、水井、陷阱三义。内容讲一个阶级斗争的故事。

续表

卦	旧说	新解
革	去故、二女同居、其志不相得。	革有皮革、变革二义。内容讲战争和战俘。
鼎	烹饪、取新。	鼎，饮食器。内容讲有关饮食之事。
震	动、起雷、龙。	震，雷电。内容讲雷电知识和各种人对雷电的不同看法。
艮	止、山。	艮，注意关顾。内容讲注意保护身体。
渐	进、女归。	进。家族卦。渐截取六爻首句字标题，这首句是作者特别创作为标题而设，和内容无关。
归妹	女之终。	嫁女，婚姻卦。
丰	大、多故。	大屋。行旅卦。标题和内容无关。
旅	亲寡。	旅外作客。商旅、行旅之卦。
巽	入、伏、风。	伏。内容讲各种和伏义有关的事和人。
兑	说、见、泽。	悦。内容讲到国际关系。政治卦。
涣	离。	涣，水流散，又奂美也。内容主要讲洪水之灾。
节	节制、节止。	礼节和节约二义。
中孚	信。	忠信。讲五礼。
小过	过。	经过和过责二义。内容讲经过事和批评方法。

续表

卦	旧说	新解
既济	定。	既济、未济，对立的组卦。济的本义为渡水，引申为成就、成功。二卦讲济渡不济渡、成功不成功的事。对立或从对立转变说。
未济	穷。	

《周易》的卦大多数按一类事编卦，或以一个范围为主。标题法或从内容标，或仅取形式联系，和内容无关。多数则形式和内容意义一致。内容较杂的，或以一词一义为联系，或以一词多义为联系。全书是有组织体系的。根据它的组织体系和卦爻辞的内容，可以找到各卦标题即卦名的意义。跟旧说相比较，可以看到前人所解多未得当。单说八卦，包罗虽广，只乾、坤、震、巽卦还有近似之点，余均不对。按我们的说法，八卦之义应该是：乾、天，坤、地。乾多星占，是天人感应思想。坤言地上生产、人事，对大地的认识。坎，重坎，讲和坑穴有关之事。离通罹，战祸之卦。震为雷，讲人对雷电有不同的看法。艮，关顾，论人对身体的卫生知识。巽训伏，有伏人者，有伏于人者，有商人在旅店发生事故而惧伏，有猎获多兽而驯服之。兑即悦，国际间多战争，希望能和平共悦。

十二、卦爻辞的类事和附载

《周易》的编著，其材料来源，主要是根据新旧筮辞。新旧筮辞因事而占，当如卜辞，一事一卜，孤立不连。卦爻辞多数也是一辞一占的。但作者的编纂法，对于每一个卦却以类相从，看似散乱，实有统纪。除少数卦内容比较复杂外，大数按一个范围谈一类事。这是卦的主要组织。但也应知道，材料来源相当多，按类编排只能就主要范围来编选。有的材料在六十四卦的事类中不可能都包举在内，而又不便把它遗弃不要，于是在主要事类中安插一二不属于这事类的其他筮辞，成为附载方式。这种附载，有时取其和主要事类相近性质，有时取相反性质，有时则绝不相关。这种附载辞不多，大致是“利有攸往”“往吉”“征凶”“利涉大川”“利见大人”“王假有庙”……这几种。

例如关于农业的卦，“蒙初六”：“以往，吝。”往和农业无关，往外和安居生产刚好相反。“小畜上九”：“妇贞厉。月几望，君子征。凶。”妇女和农业有关，但“君子征。凶”则相反。又，“大有九二”：“有攸往，无咎。”“大畜”：“利涉大川。”“大畜九三”：“利有攸往。”

“颐六五”：“不可涉大川。”“颐上九”：“利涉大川。”“涣”：“利涉大川。”“涣”主要讲水患，和涉大川相反。

讲家庭婚姻的卦，“蛊”：“利涉大川。先甲三日，后甲三日。”“贲”：“小利有攸往。”“归妹”：“征，凶。无攸利。”“归妹初九”：“征，吉。”“节九五”：“往有尚。”这些可说都是附载。

讲政治的卦，“讼”：“不利涉大川。”“讼九四”：“安贞吉。”“剥”：“不利有攸往。”“遁初六”：“勿用有攸往。”“萃”：“利有攸往。”“萃六三”：“往，无咎。小吝。”“困九二”：“征，凶。”“困上六”：“征，吉。”“中孚”：“利涉大川。”

讲行为修养的卦，“履初九”：“往，无咎。”“谦初六”：“用涉大川。吉。”“豫”：“利建侯行师。”“无妄”：“不利有攸往”。“无妄六二”：“则利有攸往。”“节九五”：“往有尚。”

《易》占行旅、商旅的有“需”“随”“复”“睽”“丰”“旅”等六个专卦，还有“明夷”“夬”“姤”的一部分，其他散见各卦的还有。这里所举占征、往、涉川的，只说明这些占行旅的辞和各卦类事无关或关系很少，属附载性质。

占“利见大人”，见于“乾九二、九五”，和类事有关。“乾”是星占，认为“见龙”是利于贵族。“巽”说“利见大人”也有关，认为大人是使人伏于他的，从反面说。“升”说“用见大人”，用同于利，当指大人的进升。但“蹇”卦讲由难变不难，而卦辞和上六却两次说“利见大人”，“萃”讲忧悴，也说“利见大人”，疑为附载。又“屯”卦讲各种难事，却两次说“利建侯”，“豫”讲思虑，却说“利建侯行师”，当也是附载。

“萃”“涣”二卦说“王假有庙”，一因有忧悴事而祭，一因洪水为患而祭，和事类有关。“丰”讲行旅，丰为大屋，卦辞“亨，王假之”，犹言王到大屋即庙祭享。这个祭享不属行旅事，只因丰是大屋，庙是最大的屋，故联系来说，但和事类无关。

“利艰贞”，见于“大畜九三”和“明夷”。艰从菓，甲文的菓即旱，《说文》作暵。占旱，在“大畜”讲农业是类事辞，“大有初九”说“艰则无咎”，同为农业之占。而“明夷”讲行旅和田猎，艰旱和行旅、田猎不同类，明夷二字多歧义，但艰旱和明夷各义都连不上。故为附载之占。又“大壮”讲征、孚、田猎和养羊，末了说“艰则吉”。这和上文事类不相连，和壮训壮力、戕伤两义也连不上，故也是附载辞。

“离”：“畜牝牛吉。”“离”讲战争，畜牝牛是农业生产事，不相属。“晋”也讲战争，“康侯用锡马蕃庶”。因马和战争有关，同一范围，而牛则不是，故畜牝牛是附载。

以上各例，从事类说，凡是不同范围不同性质的筮辞，可说是附载。作者认为这些材料也重要，不愿割掉，故附载于各类卦内。对于这些筮辞，知其不同类就不必强为牵合，而要分别解释，否则便陷于穿凿了。《彖》《象》二传对于这些筮辞的解释都非《易》义。

举例来说，《彖》《象》解“征”“往”，如“屯六四”说是“求而往，明也”，把“求婚媾。往，吉”连在一起。不知实占两事：“求婚媾”，说婚姻之难，和屯难义相关；而“往，吉”义相反，不连属，又没有“明”的意思。解“贲”的“小利有攸往”为“分刚上而文柔，故小利有攸往，天文也”。因贲有文饰义，就从“文”上发挥，说什么“天文”“人文”“观乎天文以察时变，观乎人文以化成天下”。越拉越远，不知“贲”是婚姻卦，贲虽有饰义，但又借为奔，为豮。光执一义而加大发挥是错误的。哪里来的“天文”！

解“涉川”，于“大畜”说“利涉大川，应乎天也”。为什么？因卦画是乾下艮上，故往“天”凑。但涉川跟应天怎么能凑在一起？于“中孚”则说“利涉大川，乘木舟虚也”。

因“中孚”卦画兑下巽上，巽为木。但“中孚”讲的是五礼，乘舟何为？又何以“舟虚”？

再看王弼注。王于“利涉大川”多不得其解，避而不谈。于“谦初六”注：“能体谦谦，其唯君子。用涉大难，物无害也。”连上文为解，而不知“用”同于利。于“颐上九”注：“为养之主，物莫之违，故利涉大川也。”王弼喜欢从一卦之中定出一个主爻来。以为“上九”是“颐”之主，主是“物莫之违”的。其实他没从涉川之占为解释。在想不通时只好不解。实则这些附载占辞是不能和其他占辞硬凑的，要硬凑就扞格不通。王弼有时硬凑，有时只好避而不谈。

十三、贞兆辞和他辞相应不相应

卦爻辞分为筮辞和非筮辞两大类。《周易》是占筮书，从新旧筮辞编选而成，以筮辞为主。筮辞分象占辞、贞事辞、贞兆辞三类。非筮辞是作者立言。在筮辞中加上一些话发表他自己的意见，或借用别的话做说明，甚至有用整个卦发挥他的思想的，如“临”卦。非筮辞有说理语、说明语、比喻语、引用语四种。

筮辞有三类，一条卦爻辞不一定全具，有的只有一类或两类。全具的，例如“丰”卦的二、三、四爻。六二、九三是：

（1）丰其蔀，日中见斗。（2）往得疑疾。有孚发若。（3）吉。

（1）丰其沛，日中见沬。（2）折其右肱。（3）无咎。

白天在屋里透过草顶见天空的大星或小星，非常奇怪。这是象占——星占。贞事则是出门得到一种怪病或跌断了右臂。筮占是吉或无咎的贞兆。

我们举这两例，是要首先指出，筮辞可分这三类。其次，要谈贞兆辞和其他辞相应不相应。三类辞在别处谈过，这里不必详论，只略提一提。

三类辞中比较易明的是贞事辞，除了前人有意借古人语言发挥自己思想用来宣扬礼教伦理维护统治阶级利益外，我们用历史唯物主义立场观点和方法是可解释的。不过其中杂有说理语（如“泰九三”的“无平不陂，无往不复”，“颐”的“观颐，自求口实”之类）、说明语（如蒙卦辞以童蒙和筮占渎神说明愚蒙之义，“比”卦辞以“原筮”说明比有比并之义）、比喻语（如“艮”以“行其庭不见其人”，比喻光顾身体局部的错误，“小过上六”用“飞鸟离之”比喻批评的不得法）和引用语（如“中孚九二”引一首婚歌代表婚礼）。区分筮辞中有非筮辞才易于理解，也看到作者的思想。

最难明白的是象占辞，因为象占和蓍筮本来不是同类的数术，在卜辞中也没这种话可资比较，这是《易》的特殊的地方。不过如果明白古人的迷信思想，往往用各种不同的数术占验，互相参证，就不难明白《周易》所以有这些象占辞，是为了互相参验的。而且《易》明说梦占，“剥”的“蔑贞”即梦占。梦、蔑，一声之转。“乾”的龙是星占，“履”的“履虎尾”是梦占，有不少辞只能用象占来解释，才能说得通。前人不明此理，只好往卦画爻位上凑，或借以发挥伦理思想。如说：“潜龙勿用，阳在下也。见龙在田，德施普也。”说“说而应乎乾，是以履虎尾不咥人，亨。”“咥人之凶，位不当也。”不知所谓。试问“说”应“乾”何以履虎尾不咥人呢？王弼注：“乾，刚正之德者也。不以说行夫妄邪，而以说应乎乾，宜其履虎尾不见咥而亨。”还是没有解通。何以“见龙在田，德施普也”呢？王注不解，孔疏说：“此以人事言之，用龙德在田似圣人已出在世，道德恩施能普遍也。”此以后代用龙比帝王之说来附会。《易》还没有这种思想。而且即使圣人已出世就能“德施普”了吗？孔自知难通，赶快补足说：“若比九五则犹狭也。”《象》于九五解：“飞龙在天，大人造也。”孔疏：“飞龙在天犹圣人之在王位。造，为也。……能为之而成就也。”是龙又变圣人而且造为成就了。但《易》只说“利见大人”。大人、贵族，还不是王，不是天子。这全是附会，愈说愈远。

贞兆辞在《易》中有两种意义，一是筮占时表示吉凶休咎的术语，一是作者借用贞兆辞说明事理，判断是非。前者是筮所本有，后者是作者的推广运用，如“师初六”：“师出以律，否臧，凶。”这凶字指军纪不好则必失败，非贞兆。“晋六五”：“悔亡，失得勿恤。”悔亡，非贞兆。这是说，战争有失败的，但败勿馁。“小过九四”：“无咎，弗过，遇之。”对没有错的人，不要责备，而要表扬。这“无咎”并非贞兆辞（参上“贞兆辞扩大运用举例”）。

照理，凡贞兆辞必定和所贞的事相应，《易》文多数如此。但有时却并不相应，如上举的“丰六二、九三”两爻，得疑疾，折右肱，情况不好。疑疾无论是蛊疾或痴病，都坏。为什么贞兆“吉”“无咎”呢？强为之解，只能说病和伤是会好的。但从贞事情况说，贞兆是不相应的。贞兆和他辞不相应的，还可以举一些例子，例如：

讲战争军事的“同人”，初、二爻说战前准备：“同人于门。无咎”；“同人于宗。吝”。无咎，吉占；吝，凶占。为什么一吉一凶呢？难道请命于祖反而凶？凶又怎能去打仗呢？又，讲战况的三爻并不妙，三爻“三岁不兴”，四爻“弗克攻”，五爻“先号啕而后笑”，先失败，后遇救，也没胜。三、五爻没贞兆，四则说“吉”。吉在哪里？既然“弗克攻”，怎么还“吉”？到班师回来，“同人于郊”，也只是“无悔”，不算倒霉。这些贞兆可以说跟贞事都配合不起来，尤其是“九四”的“吉”，而初、二爻又相反。

另一个讲战争的卦“离”，离和罹通，罹灾难也。初、二爻写对敌人的警戒，贞兆是“无咎”“元吉”，相应，对敌警戒则吉。但三、四爻写战祸，遭敌人袭击，“九四”写敌人用三光政策，“焚如！死如！弃如！”最残酷。没贞兆，不言而喻是“悔亡”。“九三”写的是后方情况，有“鼓缶而歌”的，鼓励士气，同仇敌忾。有“大耋之嗟”，老年人的嗟叹，毋宁是痛恨敌人，是悲愤。前方在奋勇杀敌，后方则全民动员起来。这是极好现象。抗敌战争理应如此。这是以后方反映前方，很好的写法。可是贞兆却是“凶”。这是怎么说呢？难道全民动员抗战反而不好？大谬。古文本和郑玄本无“凶”字（阮元《校勘记》）很对。有“凶”字则和贞事不相应。“六五”：“出涕沱若，戚嗟若。吉。”不相应。但可以这样理解：在罹祸后，痛定思痛，接受教训，有化悲痛为力量之意，故吉。至于“上九”写反击敌人，大获胜利。是大吉大事，但贞兆仅只“无咎”，不算相应。

在“噬嗑”的初九、上九，“屦校灭趾”和“何校灭耳”，同样受刑，但一个贞兆是“无咎”，一个是“凶”，相反，不可解。即使脚上戴枷比肩上担枷刑罚较轻，也不能说“无咎”（“大过”的“栋桡”“栋隆”相同，而一凶一吉，也是不类。又老夫少妻、老妇士夫，事相同，而贞兆一为“无不利”，一则“无咎无誉”，有异）。

“无咎”，有时作者用来评定是非，如“乾九四”：“或跃在渊，无咎。”有个贵族投水自杀。这是贵族内讧的事。作者同情于自杀者，如同后人同情屈原自沉一样，给他表白，说他是没罪的。这“无咎”不是贞兆。又如“震上六”：“震不于其躬，于其邻。无咎。婚媾有言。”一个人的邻居被雷击死，这个人说他自己没问题（无咎），但亲戚（婚媾）即邻居是有罪的（有言，言通愆），所以被击毙。“无咎”是评语，非贞兆。

有些卦的贞兆辞跟贞事似乎并不连属，贞事自贞事，贞兆自贞兆，不相贯连。例如“贲”卦，写一件对偶婚亲迎的过程：先写行前准备，次写途中情况，后写到了女家献上丰盛礼物。在叙事上前后贯连，次序井然。在三、五、上爻插上几个贞兆辞：“永贞吉”，“吝，终吉”，“无咎”。既和贞事并不相应，反而使叙事间断。本来“贲如濡如”和“贲如皤（燔）如，白马翰如”相连，人们飞奔前往，挥汗如雨，骄阳似火，白马则昂首驰骋（衬托出骑马者的英俊。以物写人法）。这中间没有插上贞兆的可能。而送上“束帛戋戋”，何以说“吝，终吉”？送上“白豮”肥猪，也跟“无咎”不连。可见事是事，兆是兆，成为两个体系。又如“井”卦讲一件阶级斗争故事：卦辞先写邑人把邑主赶走，跟着追叙邑主压迫邑人的情况。初、二爻续写这种情况。三爻以下，写新邑来了之后改善生活条件，跟上文一一对应来写。这是叙事系统。但卦辞和四、上爻却添上“凶”“无咎”“元吉”几个贞兆辞。于文，卦辞和初二爻连贯成文，没有在中间插上“凶”的必要；要插，应在二爻之下才对。四、五爻又是连贯的，说水井的修好，也不应在四爻下加贞兆。可见这些贞兆辞和贞事成为两个系统。以此类推，上举的“同人”和“离”，贞兆和贞事不相配合，同样是两个系统。

如再举例，则“震”分析各种人对雷电的态度，自成系统；卦辞“亨”和初爻“吉”，不连。“艮”谈要注意保护全身和各部。各贞兆辞也不应连读。

此外，有吉凶贞兆同列的，除少数如“乾九四”“兑九二”指出事势会变化外，可说跟贞事不连，如“晋上九”：“厉，吉；无咎，贞吝。”“巽九五”：“贞吉。悔亡。无不利。”“未济九四”：“贞吉，悔亡。”（“大壮九四”同）之类是。

国家新闻出版广电总局

首届向全国推荐中华优秀传统文化普及图书

大家小书书目

国学救亡讲演录	章太炎　著　蒙　木　编
门外文谈	鲁　迅　著
经典常谈	朱自清　著
语言与文化	罗常培　著
习坎庸言校正	罗　庸　著　杜志勇　校注
鸭池十讲（增订本）	罗　庸　著　杜志勇　编订
古代汉语常识	王　力　著
国学概论新编	谭正璧　编著
文言尺牍入门	谭正璧　著
日用交谊尺牍	谭正璧　著
敦煌学概论	姜亮夫　著
训诂简论	陆宗达　著
金石丛话	施蛰存　著
常识	周有光　著　叶　芳　编
文言津逮	张中行　著
经学常谈	屈守元　著
国学讲演录	程应镠　著
英语学习	李赋宁　著
中国字典史略	刘叶秋　著
语文修养	刘叶秋　著
笔祸史谈丛	黄　裳　著
古典目录学浅说	来新夏　著
闲谈写对联	白化文　著
汉字知识	郭锡良　著
怎样使用标点符号（增订本）	苏培成　著
汉字构型学讲座	王　宁　著

诗境浅说	俞陛云 著
唐五代词境浅说	俞陛云 著
北宋词境浅说	俞陛云 著
南宋词境浅说	俞陛云 著
人间词话新注	王国维 著 滕咸惠 校注
苏辛词说	顾 随 著 陈 均 校
诗论	朱光潜 著
唐五代两宋词史稿	郑振铎 著
唐诗杂论	闻一多 著
诗词格律概要	王 力 著
唐宋词欣赏	夏承焘 著
槐屋古诗说	俞平伯 著
词学十讲	龙榆生 著
词曲概论	龙榆生 著
唐宋词格律	龙榆生 著
楚辞讲录	姜亮夫 著
读词偶记	詹安泰 著
中国古典诗歌讲稿	浦江清 著 浦汉明 彭书麟 整理
唐人绝句启蒙	李霁野 著
唐宋词启蒙	李霁野 著
唐诗研究	胡云翼 著
风诗心赏	萧涤非 著 萧光乾 萧海川 编
人民诗人杜甫	萧涤非 著 萧光乾 萧海川 编
唐宋词概说	吴世昌 著
宋词赏析	沈祖棻 著
唐人七绝诗浅释	沈祖棻 著
道教徒的诗人李白及其痛苦	李长之 著
英美现代诗谈	王佐良 著 董伯韬 编
闲坐说诗经	金性尧 著
陶渊明批评	萧望卿 著

古典诗文述略	吴小如　著
诗的魅力 ——郑敏谈外国诗歌	郑　敏　著
新诗与传统	郑　敏　著
一诗一世界	邵燕祥　著
舒芜说诗	舒　芜　著
名篇词例选说	叶嘉莹　著
汉魏六朝诗简说	王运熙　著　董伯韬　编
唐诗纵横谈	周勋初　著
楚辞讲座	汤炳正　著 汤序波　汤文瑞　整理
好诗不厌百回读	袁行霈　著
山水有清音 ——古代山水田园诗鉴要	葛晓音　著
红楼梦考证	胡　适　著
《水浒传》考证	胡　适　著
《水浒传》与中国社会	萨孟武　著
《西游记》与中国古代政治	萨孟武　著
《红楼梦》与中国旧家庭	萨孟武　著
《金瓶梅》人物	孟　超　著　张光宇　绘
水泊梁山英雄谱	孟　超　著　张光宇　绘
水浒五论	聂绀弩　著
《三国演义》试论	董每戡　著
《红楼梦》的艺术生命	吴组缃　著　刘勇强　编
《红楼梦》探源	吴世昌　著
《西游记》漫话	林　庚　著
史诗《红楼梦》	何其芳　著 王叔晖　图　蒙　木　编
细说红楼	周绍良　著
红楼小讲	周汝昌　著　周伦玲　整理

曹雪芹的故事	周汝昌　著　周伦玲　整理
古典小说漫稿	吴小如　著
三生石上旧精魂 ——中国古代小说与宗教	白化文　著
《金瓶梅》十二讲	宁宗一　著
中国古典小说十五讲	宁宗一　著
古体小说论要	程毅中　著
近体小说论要	程毅中　著
《聊斋志异》面面观	马振方　著
《儒林外史》简说	何满子　著

我的杂学	周作人　著　张丽华　编
写作常谈	叶圣陶　著
中国骈文概论	瞿兑之　著
谈修养	朱光潜　著
给青年的十二封信	朱光潜　著
论雅俗共赏	朱自清　著
文学概论讲义	老　舍　著
中国文学史导论	罗　庸　著　杜志勇　辑校
给少男少女	李霁野　著
古典文学略述	王季思　著　王兆凯　编
古典戏曲略说	王季思　著　王兆凯　编
鲁迅批判	李长之　著
唐代进士行卷与文学	程千帆　著
说八股	启　功　张中行　金克木　著
译余偶拾	杨宪益　著
文学漫识	杨宪益　著
三国谈心录	金性尧　著
夜阑话韩柳	金性尧　著
漫谈西方文学	李赋宁　著
历代笔记概述	刘叶秋　著

周作人概观	舒 芜 著
古代文学入门	王运熙 著 董伯韬 编
有琴一张	资中筠 著
中国文化与世界文化	乐黛云 著
新文学小讲	严家炎 著
回归，还是出发	高尔泰 著
文学的阅读	洪子诚 著
中国文学1949—1989	洪子诚 著
鲁迅作品细读	钱理群 著
中国戏曲	么书仪 著
元曲十题	么书仪 著
唐宋八大家 ——古代散文的典范	葛晓音 选译
辛亥革命亲历记	吴玉章 著
中国历史讲话	熊十力 著
中国史学入门	顾颉刚 著 何启君 整理
秦汉的方士与儒生	顾颉刚 著
三国史话	吕思勉 著
史学要论	李大钊 著
中国近代史	蒋廷黻 著
民族与古代中国史	傅斯年 著
五谷史话	万国鼎 著 徐定懿 编
民族文话	郑振铎 著
史料与史学	翦伯赞 著
秦汉史九讲	翦伯赞 著
唐代社会概略	黄现璠 著
清史简述	郑天挺 著
两汉社会生活概述	谢国桢 著
中国文化与中国的兵	雷海宗 著
元史讲座	韩儒林 著

魏晋南北朝史稿	贺昌群　著
汉唐精神	贺昌群　著
海上丝路与文化交流	常任侠　著
中国史纲	张荫麟　著
两宋史纲	张荫麟　著
北宋政治改革家王安石	邓广铭　著
从紫禁城到故宫 ——营建、艺术、史事	单士元　著
春秋史	童书业　著
明史简述	吴　晗　著
朱元璋传	吴　晗　著
明朝开国史	吴　晗　著
旧史新谈	吴　晗　著　习　之　编
史学遗产六讲	白寿彝　著
先秦思想讲话	杨向奎　著
司马迁之人格与风格	李长之　著
历史人物	郭沫若　著
屈原研究（增订本）	郭沫若　著
考古寻根记	苏秉琦　著
舆地勾稽六十年	谭其骧　著
魏晋南北朝隋唐史	唐长孺　著
秦汉史略	何兹全　著
魏晋南北朝史略	何兹全　著
司马迁	季镇淮　著
唐王朝的崛起与兴盛	汪　篯　著
南北朝史话	程应镠　著
二千年间	胡　绳　著
论三国人物	方诗铭　著
辽代史话	陈　述　著
考古发现与中西文化交流	宿　白　著
清史三百年	戴　逸　著

清史寻踪　　戴　逸　著
走出中国近代史　　章开沅　著
中国古代政治文明讲略　　张传玺　著
艺术、神话与祭祀　　张光直　著
刘　静　乌鲁木加甫　译
中国古代衣食住行　　许嘉璐　著
辽夏金元小史　　邱树森　著
中国古代史学十讲　　瞿林东　著
历代官制概述　　瞿宣颖　著

宾虹论画　　黄宾虹　著
中国绘画史　　陈师曾　著
和青年朋友谈书法　　沈尹默　著
中国画法研究　　吕凤子　著
桥梁史话　　茅以升　著
中国戏剧史讲座　　周贻白　著
中国戏剧简史　　董每戡　著
西洋戏剧简史　　董每戡　著
俞平伯说昆曲　　俞平伯　著　陈　均　编
新建筑与流派　　童　寯　著
论园　　童　寯　著
拙匠随笔　　梁思成　著　林　洙　编
中国建筑艺术　　梁思成　著　林　洙　编
沈从文讲文物　　沈从文　著　王　风　编
中国画的艺术　　徐悲鸿　著　马小起　编
中国绘画史纲　　傅抱石　著
龙坡谈艺　　台静农　著
中国舞蹈史话　　常任侠　著
中国美术史谈　　常任侠　著
说书与戏曲　　金受申　著
世界美术名作二十讲　　傅　雷　著

中国画论体系及其批评	李长之　著
金石书画漫谈	启　功　著　赵仁珪　编
吞山怀谷 ——中国山水园林艺术	汪菊渊　著
故宫探微	朱家溍　著
中国古代音乐与舞蹈	阴法鲁　著　刘玉才　编
梓翁说园	陈从周　著
旧戏新谈	黄　裳　著
民间年画十讲	王树村　著　姜彦文　编
民间美术与民俗	王树村　著　姜彦文　编
长城史话	罗哲文　著
天工人巧 ——中国古园林六讲	罗哲文　著
现代建筑奠基人	罗小未　著
世界桥梁趣谈	唐寰澄　著
如何欣赏一座桥	唐寰澄　著
桥梁的故事	唐寰澄　著
园林的意境	周维权　著
万方安和 ——皇家园林的故事	周维权　著
乡土漫谈	陈志华　著
现代建筑的故事	吴焕加　著
中国古代建筑概说	傅熹年　著
简易哲学纲要	蔡元培　著
大学教育	蔡元培　著 北大元培学院　编
老子、孔子、墨子及其学派	梁启超　著
春秋战国思想史话	嵇文甫　著
晚明思想史论	嵇文甫　著
新人生论	冯友兰　著

中国哲学与未来世界哲学	冯友兰　著
谈美	朱光潜　著
谈美书简	朱光潜　著
中国古代心理学思想	潘　菽　著
新人生观	罗家伦　著
佛教基本知识	周叔迦　著
儒学述要	罗　庸　著　杜志勇　辑校
老子其人其书及其学派	詹剑峰　著
周易简要	李镜池　著　李铭建　编
希腊漫话	罗念生　著
佛教常识答问	赵朴初　著
维也纳学派哲学	洪　谦　著
大一统与儒家思想	杨向奎　著
孔子的故事	李长之　著
西洋哲学史	李长之　著
哲学讲话	艾思奇　著
中国文化六讲	何兹全　著
墨子与墨家	任继愈　著
中华慧命续千年	萧萐父　著
儒学十讲	汤一介　著
汉化佛教与佛寺	白化文　著
传统文化六讲	金开诚　著　金舒年　徐令缘　编
美是自由的象征	高尔泰　著
艺术的觉醒	高尔泰　著
中华文化片论	冯天瑜　著
儒者的智慧	郭齐勇　著
中国政治思想史	吕思勉　著
市政制度	张慰慈　著
政治学大纲	张慰慈　著
民俗与迷信	江绍原　著　陈泳超　整理

政治的学问	钱端升　著　钱元强　编
从古典经济学派到马克思	陈岱孙　著
乡土中国	费孝通　著
社会调查自白	费孝通　著
怎样做好律师	张思之　著　孙国栋　编
中西之交	陈乐民　著
律师与法治	江　平　著　孙国栋　编
中华法文化史镜鉴	张晋藩　著
新闻艺术（增订本）	徐铸成　著
经济学常识	吴敬琏　著　马国川　编

中国化学史稿	张子高　编著
中国机械工程发明史	刘仙洲　著
天道与人文	竺可桢　著　施爱东　编
中国医学史略	范行准　著
优选法与统筹法平话	华罗庚　著
数学知识竞赛五讲	华罗庚　著
中国历史上的科学发明（插图本）	钱伟长　著

出版说明

“大家小书”多是一代大家的经典著作，在还属于手抄的著述年代里，每个字都是经过作者精琢细磨之后所拣选的。为尊重作者写作习惯和遣词风格、尊重语言文字自身发展流变的规律，为读者提供一个可靠的版本，“大家小书”对于已经经典化的作品不进行现代汉语的规范化处理。

提请读者特别注意。

北京出版社